台湾引进亲子教育书系

教孩子为自己的行为负责

冰凌木子 著

山西教育出版社

前言

FORWORD

没有人会用对人的态度来对待汽车。如果车子发动不了，他不会把这种恼人的情形归咎于不良行为，他不会说："你这辆车真坏，如果你再不动，我就不喂你汽油。"他会试着找出问题，并力图加以解决。可是如果用同样的方法去对待孩子，就会被认为违反了常理。家长们总是信奉千百年来一直流传的"不打不成材"的古训，孩子有一点点不合自己的心意，轻则声色俱厉，骂得孩子狗血淋头，重则拳脚相向，打得孩子哭爹叫娘。另外一些父母却又过于溺爱孩子，生怕自己的宝贝有丝毫的损伤，事事替孩子分担，到头来造就了一个什么也不会，闯了祸就只能找爸妈的傻瓜。不能说家长们不是为自己的孩子着想，也不能说家长们不努力，但尽管家长们累得筋疲力尽，孩子依旧是我行我素全然不理。

其实，孩子们的顽皮，有很多天性的成份在里面，他们在很多时候无法把握分寸，他们就像小树苗，在成长的过程中需要父母不断的提示和矫正。

几十年前，美国的一个小镇上，一群孩子在踢足球，其中一个孩子不小心把球踢到路边商店的玻璃上，老板要孩子赔 12.5 美元。孩子的父亲立即把钱给了老板，意味深长地对孩子说："玻璃是你打碎的，应当由你来赔。这笔钱是我借给你的。"一年后，孩子打工赚钱还了父亲的钱。这个孩子就是后来的美国总统里根。他非常感谢父亲为他上了生动的一课，即学会承担责任。

所以，我们应该让孩子"一日三省吾身"，让他们经常反思自己的责任有没有尽到：作为子女、作为学生、作为小伙伴等等，做得好不好？够不够？让孩子对自己的行为负责，让孩子对自己的行为后果负责。这样的孩子，即使在狂风暴雨里也依然能站得很直；这样的孩子，即使在困境中也依旧能做得最好。

目录

CONTENT

BE RESPONSIBLE, KID!

上篇

小鬼当家

挑肥拣瘦

做父母的，对“挑食”一词一定不陌生。几乎每家的小孩都存在着程度不同的挑食毛病，一顿饭东挑西拣，这不吃，那不要，真是让做父母的头疼极了。

黎佩十岁了，胖乎乎的惹人喜爱，走起路来一蹦一跳，让人忍不住心生怜爱，总想伸手捏捏他嫩嫩的脸。黎佩妈妈却是整天愁眉不展，奇怪之极，不觉探问究竟，才知道原由：黎佩不好好吃饭，除了吃肉，其他一概不理，不论你怎样劝说，不论你怎么变换花样，他依旧是我行我素，“不吃其他的食物”，小小年纪居然血脂偏高，怎么能不愁？

笔者小语：

其实，孩子的偏食、挑食与父母不无关系。当孩子不想吃东西的时候，有些父母怕饿着孩子，就采取威逼、惩罚等手段强制孩子进食。在这种不愉快、不情愿的状态下，孩子很容易对餐桌上某些食物产生厌恶情绪，由于讨厌它而造成偏食。

父母溺爱过度也会造成孩子偏食。一些父母过于溺爱孩子，只要孩子喜欢吃的东西，就没完没了地给，使孩子对喜欢的食物有了依恋，而对那些不喜欢吃的东西却一口也不尝，纵使强迫他吃了一点，也会发脾气，父母就只好顺着他，赶快换上他喜欢吃的，这加重了孩子偏食的毛病；另一些父母则在正餐前给孩子吃太多零食，以至于吃饭时孩子没有食欲，对食物挑挑拣拣，养成了偏食的毛病。

父母的不良暗示同样会使孩子偏食。有些孩子的父母自己就偏食，经常当着孩子的面说："羊肉有膻味，难吃。"在父母的这种暗示下，孩子也对这种食物产生了厌恶感，不吃了；父母自己不喜欢吃的，家里就很少买，甚至就不买这种食物，孩子从来没吃过，加上大人无意的暗示，于是也开始反感这种食物了。

对于这些偏食的孩子，父母该如何是好？不妨试试以下几点建议：

一、由你决定孩子吃的内容、时间、地点，让孩子自己

决定是否吃以及吃多少。只坚持让孩子按所希望的方式吃，但不哄孩子吃，不威胁孩子吃。

二、在烹饪上多下工夫。变换食物的烹调方法，把食物切成有趣的形状，或者给食物取一个新奇的名字，以引起孩子的食欲。

三、创造愉快的进餐气氛，避免在吃饭时责备孩子。

四、以身作则，切不可在孩子面前流露出自己对食物的偏好。

五、最重要的一点，是让孩子自己体会到偏食行为的后果。

如果孩子只一个劲地吃某一种菜而对其他菜不屑一顾时，你就收起这份菜；只要确信孩子没生病，他如果不愿意再吃，就随他，别给予他太多的关注。但必须提醒他，除此之外不会有任何其他的食物。这时，你一定不能因为孩子喊饿又拒绝不喜欢的食物，而心软地端上他爱吃的东西，你一定要令行禁止。要知道，从长远来看，即使孩子不吃这顿饭也不会影响他的健康。只要你坚持下去，让孩子体会到他这样做根本无济于事，当他真饿了就能接受他原来并不喜欢的食物，从而改善偏食状况。

对黎佩，你只要把肉类食品收起来，做其他的食物给他，如果他不吃，黎佩妈妈千万不要心疼，就让他不吃好了，等他真饿了，没有肉，也会一样吃下去。时间一长，他会感受到其他食物的美味，感受到他已经浪费了那么长的时间，不知道世界上还会有如此种类繁多的佳肴美食，他会认为自己只吃肉真是个愚蠢的行为，真是太愚蠢了，既让自己的身体得不到足够的营养，还要付出打针吃药的代价。好不划算，一定要痛改前非，也必然会痛改前非。

无理取闹

在日常生活中，常会听到家长无奈地苦叹：“我的孩子越来越不听话了。有的时候，简直就是无理取闹，我拿他真是没办法。”

三岁的丫丫上幼儿园了。可是，爸爸妈妈没高兴几天就开始担忧了。原来，丫丫刚上幼儿园的时候，因为不愿意去而在早晨哭闹。妈妈为了能哄住孩子不哭，每天一早都会满足丫丫合理或不合理的要求。没想到，这样一来，丫丫越来越任性、烦躁和固执了。如果没立刻满足丫丫的某个要求，她就会大哭大闹，还又踢又打地让妈妈走开，妈妈再怎么哄她都无济于事。有一次，妈妈有事请别人接丫丫回家，就为这事儿，小家伙一直“耿耿于怀”。无论妈妈怎么解释，她都不能接受，甚至半夜醒来还会起床，让妈妈假装“从幼儿园将她接回来”。为了不耽搁孩子睡眠，妈妈总是照办。丫丫现在更是每天都能找到“理由”大闹一场，弄得全家人束手无策。

一天，妈妈带着丫丫高高兴兴地出门逛街。逛着逛着，丫丫在玩具店的橱窗前站住了，盯着一个昂贵的玩具看了好久，要妈妈买给她。妈妈发现，那个玩具家里已经有了一个，所以，拉着丫丫往前走。没想到，丫丫像被强力胶粘着一样，怎么也拉不走，她告诉妈妈现在就想玩，非得让妈妈再买一个不可。妈妈生气了，大声吼道：“你又这个样子！再不走，看我打你！”这话不仅没让丫丫挪动半步，小家伙反倒一屁股坐在了地上，歇斯底里地哭叫了起来，坚持要买。碍着店员和路过行人的目光，妈妈无可奈何，不得不妥协……

像这样无理取闹的孩子，在我们周围比比皆是。我想，作为一个家长，有必要想一想：为什么孩子会无理取闹？问题是否全出在孩子身上？作为孩子言行的榜样，家长的教育是否也有问题？那么我们到底应该怎样做呢？看看下面这个小故事，也许会有点启发。

有一次，我去商场买东西，看到一个两三岁的孩子要买一辆与他实际年龄很不相符的赛车，妈妈没买给孩子，对他说了好一阵子的好话。可是，这孩子没听，在商场大哭大闹起来。先是把气出在妈妈身上，对妈妈拳打脚踢；接着扔货架上的玩具；最后，见还没让妈妈屈服，干脆躺在地上，号啕大哭。妈妈对这孩子毫无办法，只好拿出钱包，准备向他投降。

这个孩子和他的妈妈，我不认识。但是，我能肯定，假如妈妈的这次屈服不是第一次，那么，她以前必定对孩子屈服过；假如这是妈妈的第一次屈服，那么，此后，母亲将永远是孩子的俘虏！但就在这个时候，这位妈妈好像突然明白了什么，她收回了已经拿出的钱包，并且不再哄劝孩子。

只见她平静地对这个孩子说：“哦，那你就在地上哭吧！我走啦，不听话的孩子谁也不会喜欢，妈妈也不会给不听话的孩子买东西。”说完，这位妈妈没再理会这个孩子，独自走远了。当然，她并没有走太远，也没有不注意这孩子。只是，她让孩子感觉到妈妈走远了，妈妈不会为他的无理取闹屈服。

孩子一边哭一边把抹泪的手指分开一道缝，看妈妈“走”了，他立刻停止了哭闹，爬起来去追妈妈。一会儿，妈妈带着孩子回来了，妈妈要求不再哭闹的孩子返回到货架旁，跟孩子一起将刚才扔下的货物放到原位上。

试想，如果妈妈刚才心一软，买了那辆车，孩子恐怕也就“没救了”。要知道，很多“小霸王”就是在父母这样的屈服中学坏的！

我的邻居有个孩子，刚一岁多一点儿就知道把看完的漫画书放到小盒里，知道小纸屑要放到垃圾袋里，逛超市的时候知道把商品放回原位。这真让我惊讶，如果不是我的邻居，我是没法相信一岁多一点的孩子有这么好的行为习惯。这孩子良好的行为习惯得益于其家长的良好家教。孩子的妈妈说：“现在的孩子很聪明，一岁大的时候，就会看大人的脸色，第一次学走路的时候，摔倒了，他坐在地上，望着你，希望你去扶一把，你把宝贝心肝一把抱在怀里的话，从此，你有得受了。”这又何尝不是育儿心得？

笔者小语：

孩子的无理取闹，往往是父母的屈服与迁就造成的。只要孩子一大哭大闹，父母就屈服让步。那么，孩子在屡试不爽之后，就会形成一种“折腾父母”的行为模式，并且愈演愈烈。在这场与父母的拉锯战中，孩子成为百战百胜的赢家，并在一次次的命令父母、战胜父母中享受快乐。

俗话说：“三岁看大，七岁看老。”这话不无道理，孩子的坏习惯往往是从小养成的。所以，我们做父母的，心中要有一条原则：孩子每一次的无理取闹，绝不能让他得逞，坚守绝不让步的原则，让孩子明白他无法从他这样的行为中获得任何好处。需求只可以经由合理的渠道获得。

旷课逃学

孩子的旷课、逃学在世界各地都是比较普遍的现象，也是比较严重的问题，从品德方面说，是公开违反校纪校规；从学习方面说，是放弃学生的重要职责——学习。那么，孩子逃学后究竟在做什么呢？

逃学三男童　楼顶住下来

前不久，某民宅楼顶上住下了三个男孩。其中两个念初中一年级，另一个小学五年级。这三名男孩背着老师家长出走，其实就是怕学习，怕管教。他们既不到学校上课，也不回家，整天在外游荡，骗吃骗喝。有时钻进巴士睡觉，有时到无人居住的屋里过夜，直到偷到了一床席梦思床垫，这个楼顶就成了他们的“家”。

逃学出走　谎称孤儿

在雨天广场附近，警察发现了一个衣服破烂不堪的流浪小女孩。十二岁的小女孩谎称自己没有家人，是个可怜的孤儿。于是，警察将无家可归的小女孩送入了孤儿院。小女孩在孤儿院和其他孤儿一样过着无忧无虑的生活，大家都相信，她的确是个没爹没娘的可怜孩子。直到有一天，细心的工作人员发现了小女孩在无意间写下的很多人名和几个电话号码后，才查询到她的家人，也才明白这个小女孩正上小学四年级，而且父母双全。这是个逃学出来做孤儿的孩子。

逃学一周　沉迷网吧

十七岁的儿子整整一个星期都没上学，学校家里都见不着人影。作为母亲的宛女士心急如焚，日夜奔波地四处寻找，好不容易才在一家网吧里找到了儿子。可是，面对妈妈的苦口婆心，儿子毫不领情，说什么也不想回去上学。无奈的母亲只好向某报记者求助。没想到，气恼的儿子不仅拒绝再与母亲说话，竟然还对着记者发火："我就是不想上学，怎么样啊？"稚气未脱的脸上尽管没有丝毫恶意，但态度却相当顽劣，明确地表示，哪怕每天在网吧吃泡面，也坚决不上学。

四百歌迷逃学　只为迎接偶像

年初某天，为迎接“5566”演唱组合来狮城新加坡，四百名歌迷差点没把机场挤爆。他们在寒风中苦苦守候整整六个小时，却毫无倦意，当“5566”出现在闸门内时，仍能打起十二万分的精神，以高分贝的尖叫声欢迎偶像的到来。这些歌迷基本上全是在校学生，年龄以青少年为主，从中学生到大学生都有，他们集体旷课逃学，仅是为了一睹偶像风采。

女学生逃学　被坏人利用

日前，彰化县警局少年队深夜带回了两名同班的中学女生，这两名女生是从彰化县一家槟榔摊里寻获的。其中吕姓女生长期逃学当“槟榔西施”，家长却并不知情。两名女学生称，还有同班的其他女生也在逃学。吕姓女生逃学在外并与一男子同居。该女生说，她喜欢和男友同居，但很不喜欢上课，居然还大方地供出两人的性关系，而且表示，因为性生活太频繁，次数早已记不清楚。被带回的另一名江姓女生，在返回学校后不到十分钟就又逃课了。

面对逃学

逃学的这些孩子，他们的处境十分难受，让人既可怜又可气。他们大多由于学习吃力，听不懂上课的内容，对学习毫无兴趣，而且由于不做作业，被老师批评，被父母指责，甚至打骂。在这种情况下，孩子产生了厌学与恐学的心理。而旷课逃学，对不太懂事理的孩子来说，则可以暂时躲避这些不愉快，心里会获得短暂的轻松。

笔者小语：

对于逃学的孩子，你不要过于着急，可以试着从以下几方面着手：

（1）孩子学习不好，主要原因不是智力因素本身，而是包括学习欲望、毅力、自信心等在内的非智力因素。因此，家长应该努力培养孩子的学习兴趣、意志力和毅力，激发他们的好奇心，“学而不惑”，这是一项消除逃学现象的有效措施。

（2）对有厌学心理、逃学行为的学生，绝不能说“如果你学不好，就不要你上学了”这样的话。否则可能正合逃学儿童的心意，学习会更不用功，成绩每况愈下，以致不可收拾。当孩子有厌学和逃学问题时，应尽可能找到他们的优点和微小进步，及时给予肯定，使孩子有成功的感受，逐步提高自信心，由“厌学”变成“喜学”，旷课、逃学的问题就会解决。

（3）现在，各类课外才艺班占去了孩子们的很多时间。家长在为孩子报名时，要根据孩子自身的特点，不能要求过高，使孩子能够体验到成功，感受到学习是一种乐趣，而不是一种负担。

（4）在孩子情绪稳定时，应让孩子懂得“不学无术”在社会上终究是不可能立足的，社会要进步，最终还是要靠知识和技术，而逃学会使自己无法获得有用的知识。

对孩子施加压力是无济于事的，对孩子说“你现在闲逛不上学，将来你就没有出路”之类的大道理，其作用也不会有多大，因为这类道理在孩子看来太遥远。重要的做法是，大人必须知道逃学的孩子到底在想什么、迫切需要的是什么，使孩子能从自身的学习中获得快乐，意识到逃学不会为自己带来任何乐趣。

拿来主义

有这样一个故事：父亲生病了，孩子回去探望。后来父亲逐渐康复了，孩子想想也该回美国的家了。于是，孩子打电话给航空公司预定回程机票，恰好被父亲看见了，父亲立刻抢过电话说："我来打这个电话，你不会说。"这个故事最特别的是，这个孩子已将近七十岁，父亲更是九十几岁了。

故事听起来好笑，然而，现实生活中发生在父母与子女间的类似事件却屡见不鲜。孩子们在家里无须自己动手做任何事，凡事只要从父母那里"拿来"就可。煮熟的鸡蛋被父母剥好了壳送到手里；苹果不仅被父母削好了皮，还被切成了小块状、插上了牙签，只需动手往口中送就行；换下的脏衣服随意扔在床上，反正父母会帮着收拾、清洗；十八岁的孩子上大学报到，只顾空手前往，父母则大包小包地扛着行李、跑前跑后地办理手续。

记得上大学时，有一次在同学家玩得太晚，大家都感到肚子饿了，同学连声叫妈妈，想让她为我们弄点吃的。可是叫了好半天才恍然省悟，他父母都不在家。同学于是拉开冰箱，打开橱柜到处找吃的，不幸的是那天家里正好没有现成可吃的食物。由于当时正是深冬季节，外面很冷，深夜的街道上也不一定能买到吃的。“没办法，煮面条吧。”同学对着我笑笑，无奈地进了厨房。大约过了十五分钟，就听同学在厨房大叫我的名字。赶紧过去一看，我差点没笑破肚皮！这家伙煮的什么面条啊？他将面条与水同时放入，煮得锅里黏乎乎的一团，根本就是一锅面糊。原来，我这同学从小就很少进厨房，连盛饭一般也由父母或保姆代劳，更别说做饭煮面了。今天算是破天荒第一遭呢！

教育家陶行知先生说，让孩子出自己的力、流自己的汗、吃自己的饭才是英雄好汉。然而，我们不少家长心太软，对孩子的一切都大包大揽，把孩子变成了温室中的花朵，见不了世面，经不了风雨，结果难于独立，无法在社会中生存。

如果我告诉你，有个孩子曾单独将自行车从一楼搬上六楼，你一定不会相信。然而，纪录片上却真实地再现了这样的画面：一个孩子，吃力地搬着一辆自行车，在楼梯上跌跌撞撞、东倒西歪地往楼上运。

我紧张地注视着这个小小的男孩子。

面对这样一辆车子，他不知道该抓车龙头好，还是抓车杠好。搬起又放下，放下又搬起。就这样试了好几次，最后连拉带拽地好不容易上了两层，力气却似乎已经使光了。他索性把车倚在身上，背蹭着墙，用尽全力一点点地往上挪动。小小的躯体负着如此的重荷，随时都有可能摔倒。不一会儿，孩子就满脸通红，汗流浃背起来。

当走上四楼的走道时，只见孩子突然一个没站稳，前轮一闪，差点和车子一起倒下。他气喘吁吁，汗湿的头发打成了绺。终于到了楼梯间转角的一个窗口，他将车支好，站在窗前，两手呼呼地扇着风。

孩子抬头看了看小山似的楼梯，没有退却。还得继续上！孩子咬咬牙又搬起了自行车，一步一步地往上挪。

整整半个小时过去了，筋疲力尽、脏得像泥猴似的孩子终于走到了家。

这个小孩叫书来，小名来来，今年六岁，是某小学一年级学生。他还开设自己的网站。

小来来不仅自己搬车，平时也都是自己过马路，自己买东西，自己洗衣服。甚至第一次上学报名也是独自前往。而这些都得益于来来爸爸平时的教育。

来来在上幼儿园时，老师说，别给孩子穿系鞋带的鞋子，因为孩子不会自己系鞋带。但是爸爸想，世界上有系鞋带的鞋，为什么不穿？爸爸并不帮来来系带子，而是教孩子自己系。有一次，来来要下楼玩，要爸爸帮他系鞋带，孩子刚要跑，爸爸“啪”地又解开鞋带：“想学吗？”“想，可是我不会，拜托你帮我系吧。”“不，”爸爸断然拒绝，“看好了，这样就能系好。”来来委屈得想哭，爸爸并不妥协，拍拍孩子的头鼓励道：“你可以的。给你半小时，好好练吧！”

那次，来来是哭着把鞋带系好的。爸爸当时想，半个小时够长了，如果他还学不会，这表明对他而言的确是太难了，那就不再难为他。没想到，四十分钟后，来来居然学会了。

笔者小语：

“爱孩子就别剥夺他的学习机会。”有学习才有成长，因为生活也是学习的最佳场所，尽量让孩子在生活中学习到生存的本事。

谎话连篇

教室角落里的金鱼缸掉在地上摔破了，有同学看到是依琳撞倒的。可是当老师询问这件事时，这个在老师眼里最优秀的学生却编了一大篇自圆其说的谎话，怎么都不肯承认。直到老师说出证据，她才一下子痛哭流涕。老师无法理解，依琳是那么优秀，为什么给了她多次承认错误的机会，可是她却一次次地错过；虽然知道小孩子犯错实在难免，可是这位老师却怎么也说服不了自己忘记这件事。

孩子们为什么会说谎呢？

*因有某种愿望而说谎。

幼儿时期，心理发育尚未健全，感知事物的能力和成人还有一定的差别。有时，幼儿常会把希望得到的东西当成已经得到的。这是由于孩子的心理活动和思维发展尚不完善，因而产生了“幻想”，造成幻觉与现实不分，这不是真的说谎。邻居的小孩齐宇看到别的小朋友在玩漂亮的小汽车，自己家里明明没有小汽车，却不假思索地说：“我爸爸给我买了好多小汽车，比你的好玩。”可以看出，这种说谎恰恰反映了孩子盼望小汽车的愿望。他并非真想说谎骗人。

*为了好玩而说谎。

孩子有一种谎言，我们常称之为吹牛。这时候，孩子们说谎的原因特别单纯，纯粹是为了好玩、有趣。孩子们在吹牛的过程中会显得特别地激动、兴奋，因为他们要比比谁的本事大，气球能被吹得大而不破。这时的孩子是纯真的，没有丝毫邪恶的成分。当然，随着年龄的增长，孩子们这种“吹牛”式的说谎就越来越少了。十岁左右的孩子会考虑对同伴撒谎所产生的后果，他们已经明白不能和撒谎的同学做朋友，而这时同辈的友谊对他们越来越重要。

*为了逃避困境而说谎。

孩子们常常有这样一种逻辑：要是没有人能证明是我做的错事，我就可以逃避惩罚。对于七至十岁的孩子来说，他们已经能区分好与不好的行为，也很清楚做哪些事情会受到表扬，做哪些事情会受到批评。所以，与学龄前儿童相比，他们对外在规则的了解要深得多。然而，由于这个阶段孩子心理发展水平的制约，要他们将外在约束与内在愿望很好地结合还是很困难的事。在这种从“他律”到“自律”的过渡中，不断产生矛盾冲突，“明知故犯”正是这一发展历程的写照。萧萧正在上小学三年级，有一天晚上放学后去了同学家，两人玩计算机游戏玩得忘了做作业。萧萧的爸爸很严厉，经常用打屁股的方式惩罚他。所以当萧萧回到家，爸爸问他作业有没有完成时，他马上说“有”。其实萧萧对自己的行为后果已经有了充分的估计，爸爸规定回家必须先完成作业，否则便会挨打。萧萧这个脱口而出的谎言完全是为了使自己避免惩罚，安全过关。

*为了得到难以正常取得的东西而说谎。

由于孩子们没有很多的自主权，自己有时很喜欢某种东西，但由于父母不买或者别的原因而无法得到时，就会采取说谎的非常行为以期得到它。

晶晶有一次胃不舒服，妈妈就买了些又好吃又易于消化的蛋糕、巧克力等东西，晶晶觉得巧克力真的很好吃，但妈妈平常却很少买。为了能常吃到巧克力，晶晶在胃没毛病时也说胃疼、胃难受，希望能因此得到好吃的巧克力。

***为了获得赞赏而说谎。**

在孩子成长的过程中，父母一直在影响着他们的认知及行事，孩子对父母也有着很深的感情，总希望能获得父母的褒奖。有时候，孩子说谎仅仅是为了得到父母的赞赏。

佳佳的爸爸是外交人员，长驻国外，前不久回家，听说佳佳报名参加了绘画班，便问她学得怎么样了。小佳佳吹嘘说："我画得很好，每节课老师都会挂出我的画呢！"妈妈听了不由得暗自发笑：这小家伙还真能吹牛，昨天还因为画得不如同学而生气地哭呢。不过，看样子，女儿只是为了得到爸爸的夸奖，她必定会很用功地学画的。想到此，妈妈也就没有揭女儿的短。

笔者小语：

孩子的谎言多种多样，从不说谎的孩子几乎没有。面对说谎的孩子，你不妨看看以下几条应对孩子说谎的策略：

***不要生气。**

刚发现孩子说谎时，家长免不了惊讶和失望，这很正常。这时如果能够控制自己不发脾气，代之以充满关心的谈话，则有助于搞清楚孩子撒谎的原因。良好的态度表明你期待他说出真相，而威慑会让孩子感到孤立无援，陷入更深的谎言中。就像前面所说的萧萧，如果爸爸知道事实的真相之后，上来就是几巴掌，下次如再遇到这种情况，萧萧一定还会用掩盖事实来逃避惩罚。

*针对行为本身，而不必纠缠谎言本身。

在处理说谎的问题上，家长要学会针对具体事件，而不必对“是否说谎”这个问题纠缠不休。很多家长常说这样的话：“我真失望，跟你说了那么多次，竟然还要说谎！”这种处理方式对于矫正孩子的说谎行为是没有丝毫帮助的。要学会从不同角度，用简单易懂的语言对孩子进行引导。

*学会倾听。

有许多带有童趣的那类“吹牛”式的谎言，家长一定不要把它们当作说谎对待。其实，我们小时候和小朋友在一起时，都曾或多或少地吹过牛。这被夸大的真实里面包含着孩子的美好向往，以及对卓越的渴望。对这种情况，家长不必反应过度，你所需要做的，应该是做孩子“忠实”的听众，并不时地发出某种感叹：“要是真的这样该多好啊！”以对孩子美好的心灵进行肯定和鼓励。

＊和孩子一起吹破牛皮。

还有的小孩子所谓的说谎有可能是远离生活常识的。如果一个小男孩为了表示自己的玩具小汽车比小朋友多而说出“我有一万辆小汽车”这样的话，你不妨和他一起吹破这张牛皮：“真的？那得有多大的房子啊？让我们一起来算算看，一间房间能放几十辆玩具车，那么，一万辆车就需要用……”孩子听了你的话，很可能会吐着舌头不好意思地笑起来。

孩子的谎言有很多内在意义：可能是夸大了的真实，可能暗藏着对美好事物的向往，也可能为了逃避惩罚，还有可能仅仅是保护自己的一种手段……我们不能一味地打骂、惩罚，应该作出适当的反应，与孩子进行有效沟通，帮孩子去分析、去面对行为本身，这样才能让被夸大的部分消失，让向往转变为现实，最终让孩子明白：说真话才是最好的选择。

反叛精神

三岁的童童口渴了，自己拿着杯子就到饮水机前接开水。妈妈怕孩子被水烫到，马上夺过童童手中的水杯帮他倒。这下可好了，童童“哇”地大哭起来，还把妈妈倒的水打翻在地。妈妈怎么劝怎么哄都无济于事，童童的小手就那么向前伸着非得自己倒不可。

六岁的萧夏上小学一年级。一天，萧夏的妈妈看见孩子的房间很乱，就狠狠地批评了他。一向听话的孩子这次不仅不改正自己的缺点，竟然还回敬道：“妈妈最讨厌！我不喜欢！”然后哭叫着冲出门去找爸爸。刚跑到房门口，仿佛觉得不甘心似的又折回身故意把卧室弄得更加乱七八糟的。气得妈妈动手打了他一巴掌。孩子这下哭叫得更厉害了，把床上的被子、枕头、床单狠命地往地板上扔，妈妈怎么拉也拉不住，衣柜里的衣服也被他强行扔得满地都是。

学校附近新开了一间 DIY 手工艺品坊，十五岁的女儿很喜欢，这几天放学后，她都会和同学去那间工作坊玩一会儿，回家自然就比较晚了。尽管妈妈为这事问过女儿，但妈妈还是有些怀疑女儿是否在谈恋爱，所以就不放心地暗暗跟踪。不料，母亲的这种行为却被女儿无意中发现了。母亲的不信任使女儿深受伤害，一周以后，原本并没想谈恋爱的女儿却真的开始和一个高中的男孩子谈恋爱了，并且挑衅似的把这事明明白白地告诉了妈妈。

面对这些结果，妈妈们无奈地叹道：“真是反了反了。”

儿子上初中后，便不知不觉成了他爸爸“战争”的对手。为了芝麻大一点的小事，每次必吵得他爸爸理屈词穷、偃旗息鼓，或是惹得爸爸暴跳如雷、反目成仇。最后，我都不得不在父子间斡旋调停。

尽管我常常要花很多精力去做双方的协调工作，但父子俩往往是好多天都余怒未息：儿子说爸爸不尊重他、说话伤人，总是揭他的伤疤、他的短，让他受不了、心烦；丈夫则将怒气转嫁到我头上：“打也打不得，摸也摸不得，难道还说不得了？”这种处境的确让我尴尬不已。

事实上，比起同龄的孩子，我们的儿子还是算不错的。从小就很体贴大人，虽然不常做家务，但他自己的事情基本上没让我们操过心，学习也很努力。他的生活习惯尽管也存在不少毛病，但只要指出来理性地跟他沟通，他一般都能心悦诚服地接受。但是近半年来，儿子似乎变得较多，和他爸爸之间的“战争”也越来越频繁。

为此，他爸爸常对我抱怨“孩子变坏了”。其实，这不是孩子变坏了，只是作为父亲的他并不懂得：孩子长大了，懂得自尊了。是做家长的自己还没“长大”，还在用对小孩子的那套简单方法来“治家”。这当然会遭到孩子的鄙弃和反抗。

暑假里的一天，我不在家时儿子与他爸爸又发生了一场激烈的冲突。当天晚上，我陪着孩子在公园里慢慢走了将近两个小时，我不知该和儿子如何谈起，母子俩一路无话。直到公园要关门了，我们不得不回家，也无法再回避这件事了，我于是批评他对父亲的态度蛮横。第一次，我看见儿子哭得涕泪滂沱；第一次，儿子拒绝在我面前认错。我一下子明白了，孩子受伤很深。要不然，懂事而好强的儿子是不会在我面前这样的。果然，不一会儿，儿子一抹泪，挑衅似的望着我，历数着爸爸伤害他的种种言行，并质问我："爸爸怎么能这样？"

是的，儿子长大了，懂得自尊了，爸爸为什么要这样？我沉思良久，对他说："作为爸爸，他担任这个角色的时间与你做儿子的时间是一样长的。爸爸也需要成长。"

一听这话，儿子的神情缓和多了，又问："他怎么长得这么慢？"

"因为他没有自己的儿子聪明。"我说。

儿子终于笑了，也向我认了错，说自己对爸爸的态度确实太蛮横了一点。

笔者小语：

其实，孩子们并不想"叛逆"。很多时候，他们不仅仅是比我们单纯，还比我们更宽容：默默承受着我们强加给他们的、他们本不愿承担的东西。孩子在慢慢地长大，在学着独立，学着思考，他们对家长的要求只是一点点：信任与尊重。

给予孩子信任与尊重，他们就能学会信任与尊重，孩子也不会因为反叛而变得人格怪异。

任性执拗

楠楠今年九岁，由于楠楠的父母都是独生子女，所以在家里，爸爸妈妈、爷爷奶奶、外婆外公都争着宠她疼她。

平时，孩子也很乖巧，惹人喜爱。她不仅学习认真，还能歌善舞，表达力也很强。只要是让她做的事，大人只需说一遍就都记住，而且会做得特别好。比如说穿衣服，因为妈妈以前告诉过她“自己的事情自己做”，所以，每天早晨起床穿衣，都是楠楠自己做的。

不过，楠楠也有一个严重的坏毛病——太任性。无论什么事情，只要顺着她就都好说，如果没依着她的意思做，那可就不得了，楠楠会执拗任性得像变成了另一个孩子。为此，爸爸妈妈伤透了脑筋。

楠楠的爸爸、妈妈都知道孩子太过于任性不好，他们对孩子的教养是严格的，并不娇惯孩子。他们曾一度再三警告孩子“绝不允许下次再这样了”，可是，不愉快的事情还是经常发生。面对孩子的坏毛病，他们只得把孩子单独关进黑暗的小屋。可是，与其他的孩子不同的是，这种惩罚对楠楠似乎没用。她并不怕黑，但是会一个劲儿地哭下去，直哭到喉咙沙哑、几乎昏过去。而且每次，爷爷奶奶一定会出面干预，他们绝不允许让孩子受这样的“委屈”。

这天清早起来晚了些，怕孩子上学迟到，妈妈就帮着叠被子。这还得了？楠楠立刻不高兴了，哭闹着问：“叠被子是我的事情，你干吗要动它！”眼看孩子上课要迟到了，妈妈耐心地跟他解释着，可是楠楠却捂着耳朵，并不听妈妈的任何解释，任性地坚持着要自己叠，不叠就没完没了！最后，还是大人得让步——哭得一抽一噎的楠楠，任性地把叠好的被子弄乱，然后自己重新叠，这才算完事！

妈妈非常生气，却又没办法，因为不这样做，孩子就会一直闹下去，可是同时，妈妈也担心孩子这样的任性，将来如何能与人相处？

现在，全家人都让着她三分，对了能夸，错了却不能批评。妈妈说，这孩子好起来的时候特别好，任性起来的时候，简直就是另一个人，真拿她没办法！

诗婕已经三岁半了。和很多小孩子一样，她有时也特别任性，刚开始，爸爸妈妈并没太在意，还以为这些行为很正常，等女儿稍大些就能得到改善。

可是，没过多久，爸爸妈妈就发现孩子的任性并非想像中那么简单。暑假时，她的小表姐到家里来玩。表姐刚来时，孩子还能与她“和平共处”，到了后来就变得非常“霸气”。一次在院里玩，表姐不小心将她的洋娃娃弄到地上沾到了泥土，但是，表姐立刻拾起来并将泥土拍掉，她却任性地要让姐姐重买一个新的赔她不可。爸爸妈妈见状，批评了她两句，她就大哭大闹，摆出一副姐姐今天不买就“誓不罢休”的态势。听到哭声，诗婕的爷爷奶奶也赶忙出来劝，看到这么多人来过问这件事，孩子反而哭得更厉害了。

面对孩子任性的表现，诗婕爸爸和妈妈对视一眼，非常默契地决定用“冷处理”的方法帮她克服这个毛病。于是，爸爸妈妈请爷爷奶奶走开，自己也不再围在诗婕身边关心这件事，干脆“视若无睹”，还故意在孩子面前大声商量着星期天上哪儿去玩，并且故意在孩子面前拿来她平时爱吃的东西，一样一样地慢慢往袋子里放。因为谁也不理她，孩子的哭声也渐渐小了，最后，她似乎忘记了要表姐买一个新洋娃娃的事，也拿来自己心爱的玩具往爸爸妈妈的袋子里装。

笔者小语：

按照儿童心理特征，“冷处理”是对待任性孩子的最佳办法。即在保证孩子安全健康的条件下，采用暂时不理睬他们的态度，让孩子的任性行为暂时继续下去，使孩子从任性行为所造成的不良后果中，体验到自己这种不愉快的情绪，认识到用任性这类行为无法达到自己的目的，这类行为是不可取的。

暴躁易怒

孩子的心情常被称为“晴时多云偶阵雨”，前一刻还高高兴兴的，这会儿又马上因为一点芝麻小事而发脾气，尤其是被责备时情绪更为激动。

悠悠是个学习特别用功的孩子，妈妈从来没有为她的课业操过心。今天，悠悠的作文又被老师当作范文张贴在校园墙报上。要知道，能上校园墙报，是真的很不容易：全年级的国语老师总共推荐了二十几篇作文，最终被选上的只有五篇，其中就包括悠悠的《我美丽的家园》。悠悠能不高兴吗？她打算放学回家后就把这事告诉妈妈，妈妈一定会高兴得不得了。想着都想笑，悠悠收不住脸上灿烂的笑容。

终于放学了，悠悠刚走到家门口，就看见妈妈正坐在沙发上看报纸。悠悠兴奋地叫着“妈妈，妈妈”。可是，妈妈看报太过专注了，根本没听见女儿叫自己，更没发现女儿已经放学回家了。悠悠见妈妈还在继续看着报纸，没有任何反应和表示，于是，连书包也没顾得放下就朝妈妈奔过去。

“妈妈，我的作文上了校园墙报啦。”悠悠设想了好多妈妈听到以后的反应，她在期待着。可是，妈妈却只是含糊地应了句：“哦，真好。”依旧头也没抬地看着自己的报纸。“妈妈！”悠悠又叫了一声。她想让妈妈注意到自己，撒娇地拿开了妈妈手中的报纸，“妈妈，别看了嘛。我的作文上校园墙报啦。”

“哦，真好。”妈妈对悠悠笑了笑，还是没有像悠悠期待的那样亲亲她的小脸蛋，“这新闻很重要呢，报纸给妈妈好吗？”

出乎妈妈意料的事发生了：刚刚还向妈妈撒着娇的女儿，脸一下拉长了，突然将手中的报纸“哗哗”几下就撕成了碎片，然后又哭着将碎片扔向妈妈，边扔边叫着：“看吧看吧！你都拿去看！”

对悠悠这突然的行为，妈妈先是愕然，然后转为愤怒，扬手就给了悠悠两个耳光：“你人小小的，脾气还很大呀！”

刚刚在学校，悠悠还在想着得到妈妈的赞扬，妈妈不仅没表扬自己，现在反而却挨了妈妈的打。这么大的反差，让她怎么想得通？孩子哭泣着转身将自己反锁在卧室。这之后，任凭妈妈爸爸怎么开导、怎么劝说，甚至妈妈为动粗行为向她道歉，她也不开门、不吃饭。

妈妈怔怔地盯着女儿紧闭的房门，茫然了：刚刚还向妈妈撒着娇的女儿，怎么突然发起这么大的脾气？这是怎么啦？妈妈想不明白。

笔者小语：

在孩子的所有情绪中，愤怒发脾气是最常见的，也是最让父母头痛的一种。发脾气有两种不同的表现形式：主动的孩子会大喊大叫，诅咒、侮辱他人，乱扔东西或扭打泄愤等；被动的孩子会坐在一旁，不言不语，暗自流泪。

面对孩子这种不良情绪，父母却往往束手无策、处理欠妥。以下是几种不妥的方式：

立即处罚。大多数父母认为，发脾气真是大逆不道之事，于是会迫不及待地处罚孩子。但是孩子之所以发脾气，一定是由某种不愉快所引起，处罚只会加深孩子不愉快的感受，实在是治标不治本。

关注迁就。对发怒中孩子进行处罚固然不对，但是，为消除孩子的愤怒而迁就孩子也同样不妥当。孩子会错误地认为，只要用这种方式父母就会注意自己、迁就自己。如此下去，会使得孩子蛮横霸道、不讲道理，使孩子难以形成健康的人格，其后果将不堪设想。

互发脾气。当孩子发脾气时，也可能激起父母发脾气。作为父母一定要记住，不能与孩子斗气，这样就破坏了与孩子的和谐关系。

伤心无奈。对着发脾气的孩子，大人常会为孩子的不争气而伤心垂泪，在潜意识里期待孩子因感动而改变态度。但是，这种作法万万行不通！孩子一方面会模仿大人而易感脆弱，另外，当孩子发现了成人的软弱时，会经常以这种方式来操纵成人。

事实上，尽管孩子发脾气的理由各不相同，但有一点是确定的——他们是因为感受到了不愉快。所以，要根治孩子乱发脾气的坏毛病，就是要消除他们不愉快的感受。

当你特别忙碌而无暇顾及孩子的时候，为孩子做些适当的安排，不要让他卷入成人紧张、枯燥的事情中去；要时刻关注孩子的身体健康，身体的不适常会使人心烦易怒，孩子也不例外。

孩子发脾气时，当父母的应当学会适度接纳孩子的愤怒，容忍孩子的不满，让孩子能恰当地宣泄自己的不愉快。父母这样的行为，孩子也会模仿效之，慢慢地也就能够把握住自己的情绪。

打打杀杀

刚上初中二年级的文舟，看中了同班同学杨凡的新款赛车，非要借用几天，同学坚决不肯。于是，在校园做惯了“大哥大”的文舟觉得丢了面子。第二天下午，他邀约了校外的三个朋友，放学后将那位同学拉到校外僻静处，对其拳打脚踢一顿，还用烟头将同学的胳膊、背部烫得遍体鳞伤，经鉴定已构成伤害。文舟也因此被送进了少年管护所。

文舟家境优越，从小习惯了父母的溺爱，性格顽皮，特别喜欢恶作剧。

进幼儿园的第一天，因为在玩游戏时得不到想要的玩具，文舟竟然将同伴咬伤至出血；没过两天，文舟又因为有个小朋友不喜欢他的一个卡通偶像，而把小朋友抓得满脸是血。面对儿子打人这样的行为，文舟的妈妈并没有追究，她认为孩子刚上幼儿园，之所以发生这样的事，完全是由于不适应新环境而引起的，决定让孩子回家。

上小学后，文舟打人变得更加频繁了。有一次上美术课，他向同桌的同学借彩色笔，就因同学不愿借，当天放学，他将同学堵在一条小巷中，强行将同学的彩色笔全部扔进水沟里，并威胁同学不能告诉老师和家长。后来，这事被文舟的妈妈知道了，气极的妈妈不知所措，只是把儿子关在家狠狠地教训一顿了事。小学五年级的一天，文舟骑自行车撞到了别人，反而强词夺理："你挡我路，我打死你。"竟然把对方打成了脑震荡。文舟妈妈吓坏了，赶紧赔了医药费，由于怕儿子被学校记过，文舟妈妈还额外给了对方不少"慰问费"，再三叮嘱对方不要告知校方。

就这样，文舟更加有恃无恐起来，只要有同学违背了他的意图，他便大打出手，并警告对方不能声张。由于同学怕他，每次受了欺负也都不敢告诉老师和家长。就这样，文舟做起了校园"大哥大"，并最终因伤害他人而进了少年看守所。

笔者小语：

"打人"，其实是儿童社会性发展中常见的现象。它和语言伤害（骂人、嘲笑人）和间接的、心理上的伤害（背后说坏话、造谣诬蔑）都是儿童有害攻击性（或称侵犯性）的表现。

当儿童与小朋友们一块玩时，往往有当领袖的欲望，要求别人按照他的意图行事。如果有人不听他的，他就欺负他们，这种偶然的行为是正常的。但是，作为父母决不能对于这种行为听之任之，也不能仅仅给予惩罚了事，而是要好好引导，减少这种行为的发生。如处理不当，后果难以想象。在一些完全不能与别人和睦相处的成人以及那些犯罪者身上，我们可以明显地看到这种攻击性的后果。

对于那些生长在要风得风、要雨得雨环境下的孩子，一旦要求得不到满足，大多会采用攻击行为来简单解决。华盛顿人类行为研究中心的一项对成年暴力犯罪的调查表明，40%以上的暴力犯罪的主使者在幼年时期曾表现出较为明显的攻击性行为。而家长的过分娇纵以及家长简单的以暴制暴，使不少孩子的攻击性行为越来越严重，如任其发展到成年，这种行为就可能转化为犯罪行为。

攻击性行为形成的关键期是婴幼儿阶段。这期间，年轻的父母千方百计地满足孩子的需要，这很容易导致孩子占有欲旺盛，稍不如意就以攻击手段来发泄不满情绪。

家长对有攻击性行为的独生子女应给予较多的关注，可多用一些有趣的事来转移他们的注意力，经由培养兴趣、陶冶性情，以培养他们与人为善，从而达到根治的目的。

孩子情绪紧张或有怒气时，可以带他去跑步、打球或进行棋类活动，培养孩子的兴趣，引导孩子经常从事美术、音乐活动，有助于恢复他们的心理平衡，乃至逐渐转移攻击性行为。

玩玩赌博

某小学一年级的国语课上，老师在黑板上写下包括“红”、“花”、“彩”等等生字让学生组词。结果，学生作业本上出现了一片诸如“红中”、“杠上开花”、“彩票”等与赌博有关的词语。细心的老师统计后吃惊地发现，竟然有超过三分之一的学生所组词语和赌博有关。

我们常常能见到一些孩子三五成群地聚在一起，玩扑克牌，赌资从几元到数十元不等。还有些孩子瞒着父母到电玩场所从事赌博的游戏。甚至，有的家长邀约牌友在家里打麻将，人数不够时，就让孩子作为“候补队员”频频上阵“参战”。更离谱的是，有人公然在学校附近摆开了赌博游戏。在某小学门口对面的巷口，四五个小摊位席地而设，每个摊位上都围着一大群小学生，他们正在玩“现金抽奖”。

一个小学生递给老板五块钱，从摊上抓了一张印有“五元面额”的刮刮乐卡片。孩子刮开后，看见上面写着“谢谢”，一下子就变得很沮丧。另一个正在刮奖的孩子对他说：“是你运气不好。昨天，我看见有人只抽了一张就中了二十元！”于是，这个孩子又满怀希望地再次买了一张抽奖票，当然还是没有中奖。

面对孩子们形形色色的赌博游戏，有些家长竟然“豁达”地认为：几块钱的小赌不算赌，孩子开心比什么都重要。只要孩子不玩大的，就出不了问题！

情况果真如此吗？对孩子参赌真的无需大惊小怪吗？振荣原本是个品学兼优的孩子，从小学直到大学一年级，一直是个优等生，他的前途可以说是一片光明。但是，自从他沾上赌博的恶习后，生活就完全变了样。大二的一天晚上学校因故停电，图书馆也关上大门，振荣只好回宿舍。室友们点着蜡烛正起劲地玩着扑克，振荣觉得无聊也来凑热闹。他从没玩过扑克牌，但他的悟性不错，不到半个小时，振荣不仅学会了如何出牌，而且出牌比任何一个室友都出得好，为自己赢了不少钱。为此，振荣很受“鼓励”。慢慢地，他养成了嗜赌的习惯，不再满足于宿舍的“周末扑克”，他开始参与社会上的各种赌博游戏，常常夜不归宿，学业也一落千丈。后因缺乏赌资，偷了家里的几万块钱，挥霍一空之后，参与抢劫，锒铛入狱。

笔者小语：

孩子之所以染上赌博的恶习，是与环境息息相关的。家庭的不良生活习性、交友的轻率不慎、社会的赌博之风，都能使孩子染上赌博恶习。

如果你的孩子并没有染上赌博的恶习，你也应当保持高度重视，作好预防工作。首先，父母应以身作则，不参与赌博，为孩子示范良好的榜样作用。第二，告诉孩子一些因赌博而犯罪的例子，让孩子了解赌博的危害及其严重性。第三，注意孩子交友及在外的状况，防范孩子赌博。第四，了解孩子零用钱的使用情况。第五，多带孩子参加有益活动，培养孩子的健康情趣。

如果发现孩子迷上了赌博，你不可采用简单粗暴的处理方式，建议你：一、如果孩子未满十八岁而沉迷于某赌博场所，你应及时报警，取缔这些非法场所。二、转移孩子的注意力，一起做有益身心健康的活动，比如男孩子们比较喜欢冒险，就可以组织登山、旅游等活动，让他们在攀登中，体验和感受打拼努力带来的喜悦。通过健康的娱乐活动，让孩子们在心理上彻底摆脱对赌博的依赖。三、请孩子的朋友规劝他中止赌博。孩子们对于同龄人的友谊是相当珍惜的，有效地借助孩子朋友的力量也是一个不错的方式。

孩子参赌，大多是因为心里空虚、匮乏，或者受挫焦虑。父母应培养孩子多种有益身心的兴趣，充实孩子的心灵世界，这是防赌与治赌之本。

吞云吐雾

近年来，全球范围内都出现了青少年吸烟率增长的现象，并出现初次吸烟年龄降低的趋势。

一所中学的心理教师张丽丽观察到，有些孩子从中学起就已经吸烟成瘾，经常会烟瘾难耐，就在短短的下课休息时间也会躲在隐秘处偷偷吸上一支。

在某中学附近的小吃店内，一群中学生围坐桌边侃侃而谈，他们刚在这里吃过中饭。然而，让人不愿相信的是，他们当中竟有四名学生手中夹着香烟，一边和同伴聊着一边吸着烟，他们从口中熟练地喷出一团团烟雾和烟圈。如果没看见他们那稚气未褪的脸孔，没听到那满怀憧憬的话题，真不敢相信如此老练吸着烟的竟是一群孩子。在小吃店外的街道上，也有几名中学生在吞云吐雾，其中还有一对恋人模样的学生。

西门町，称得上是“年轻人的天堂”。这里经常可以看到打扮奇特前卫的青少年。在这个群体中，吸烟的比例更高，吸烟的女孩子也不少。在一露天咖啡馆中坐着两位十七八岁的女孩子，她们边喝咖啡边抽着烟。看着她们小小年纪，吸烟的姿态却十分熟练，笔者忍不住好奇地与她们聊了起来。

这两个少女都是某校高二学生，是同学。她们都表示喜欢抽烟，如果是周末与朋友聚会，她们一晚上就能单独抽掉两包烟！

我问她们：“那你们班的男生也抽吗？”没想到，我这句话竟引得两女生像发现新大陆般大笑起来：“当然抽。都这么大的人啦，不抽烟哪里还像男子汉嘛？”

“你们的烟是怎么来的呢？”我真不死心，总希望这两个少女吸烟只是偶尔为之，希望她们只是在和我开玩笑。

然而她们告诉我，这些烟大多数时候是用父母给的零用钱买的，她俩每月的零用钱基本上都用来买烟了；有时候男孩子也会请她们烟抽。

“那你们知不知道吸烟有害健康啊？”我心疼地问。

“当然知道。”两个少女不约而同地轻松答道。

“那你们为什么还要抽啊？”

“男孩子能抽，我们为什么就不能？”一个女孩理直气壮地反问，“过去的传统一直认为女孩抽烟就是学坏；现在不一样了，女孩抽烟是意味着独立和自由。”

“要想表现独立和自由有很多方式啊，怎么能用健康作代价呢？再说，吸烟并不是独立和自由的象征啊！”我试图说服两人戒烟。

两人都是偷偷吸烟的，父母与学校并不知道这事，而且她们也知道吸烟不好。无可奈何的是，无论我怎么劝说，她们明确地表示不会戒烟，理由是有好多朋友都在抽，“如果戒了，与朋友们待在一起会觉得不太和谐”。

笔者小语：

如今，孩子们接受的信息面可以说非常广，极易受到不良信息影响。电视、电影等音像制品中出现主角吸烟镜头的频率也非常高，模仿心理使他们很容易将看到的影像作为平时行为的标准。而渴望独立、早日成熟的心态使得孩子们以吸烟的方式证明自己已长大成人，加之叛逆心理的驱动使得孩子吸烟的人数比例日益上升。

孩子们并非不知道“吸烟有害健康”，但是，很多孩子不清楚究竟吸烟对健康的损害程度有多高，这也是孩子敢于尝试第一口烟的原因所在。

作为家长，想改善社会上普遍吸烟的大环境，会是无能为力的，但是家庭环境的改善却是家长能做到的。绝大多数吸烟孩子，其父母就有人吸烟，孩子每天在父母的熏陶下很容易开始吸烟。所以，父母应该为孩子做个好的示范，带头不吸烟，如果父母确实已无法戒掉，至少不要在家里当着孩子的面吸烟。

孩子获得香烟的主要途径是用家长给的零用钱买的，家长要知道孩子的零用钱都用在了哪些方面，一旦发现孩子有吸烟行为，应果断地停止给予零用钱，以断绝孩子的香烟来源。

开怀畅饮

“无酒不成席”似乎成了国人不成文的规矩，无论是家庭中的婚丧嫁娶，还是生活中的送往迎来，免不了频频举杯，甚至一醉方休也心甘情愿。在豪饮成风的今天，饮酒的习俗也早已影响了儿童和青少年，在日益庞大的酒民队伍中，稚气未脱的“童子军”源源不断地加入其中。

“祝伯伯生日快乐！”一个稚气的男孩举起斟满烈酒的酒杯，在伯父的生日宴席上敬酒。话音刚落，小家伙已一抬手将杯中的酒喝了个底朝天，那熟练的饮酒动作不亚于成年人，“像个大男孩”“有出息”，客人异口同声地赞叹着……然而，正是在这样的“称赞”声中，孩子们付出了健康乃至生命的代价。近年来，全国各地都出现了因酒醉而死去的孩子，亦远就是其中一个。

十月的一个周末夜晚，天空一片阴霾。

某高中的一间男生寝室内，亦远与几名室友正在寝室里小酌，面前的书桌上摆放着一堆新鲜小炒和一瓶烈酒，平日冷清的周末宿舍此时却显得异常热闹。

亦远与室友越喝兴致越好，已经开始有些茫茫然了。

没过多久，不知道谁提议拼酒，立刻得到了一致赞同。就这样，大家你一杯、我一杯地开始猛灌面前这四十度的烈酒。一个多小时过去了，寝室里的酒已经被消灭得差不多了，可是大家似乎兴致未尽。

于是，便利商店里轮番出现了他们买酒的身影。

大概九点多，喝了近一个小时，亦远已经眼睛发花、脚步不稳了。他哆哆嗦嗦摸上床，倒头就睡着了。

第二天上午，室友小威第一个起床，因为心里挂念着昨晚喝得烂醉的亦远，便走到亦远床边看了看。亦远这时躺在床上一动不动，好像还睡得正香。小威昨晚也喝得不少还吐过，所以感觉胃里空荡荡的，很不舒服，就起身到小吃店吃了碗粥。

然而，当小威回到寝室时，让他大吃一惊。他看见室友们把亦远的床围得水泄不通，正对着他又拍又叫，但亦远却毫无反应，脸色苍白，呼吸异常微弱。

见此情景，大家吓坏了，急忙与室友一起将他送到了附近的一家医院。此时的亦远离喝酒的时间已超过了十个小时。医生立即对亦远实施了一连串抢救工作，但是，面对这个迟来的病人，一切急救措施都显得无能为力，两个小时后亦远因抢救无效离开了人世。

笔者小语：

由于习俗的缘故，孩子们在各种聚会中，基本上都能接触到酒类；在目前的社会环境中，孩子们也极易购买到酒类。

那么，对孩子来说，在饮酒文化相当普遍的社会中，要学习如何举止得宜就成了一个相当重要的内容。大家都知道，青少年时期饮酒风险很高，但社会对青少年饮酒的重视却远远不及对吸烟的重视。作为家长，不论采取何种方式，提早教导孩子有关饮酒常识，确是防止青少年饮酒较为有效的措施。

那么，不谙世事的少年又是怎么贪恋上“杯中之物”

的？导致孩子饮酒的原因大致有以下几点：

一是好奇：孩子天性好奇，对事物充满新鲜感。很多孩子刚开始喝酒纯粹是出于好玩、有趣。而他们对于酒类的贻害却毫不自知。

二是好强：孩子生活阅历浅，自控能力差，爱与他人争强好胜。在酒桌上，本来不喝酒的孩子往往禁不住别人劝酒，为了不示弱，慢慢就变成了酒桌上的“豪杰”。

三是榜样力量：一些家长自己就嗜酒，常让孩子喝上一口训练一下。在家长的影响下，孩子很快就学会了饮酒，甚至发展到不可控制的酗酒。

四是解闷消愁：不少苦闷不堪的青少年真相信“一醉解千愁”。当他们遭遇自身无法排解的痛苦时，便试图以喝酒为自己解脱，在接二连三的饮酒后便上了瘾。

五是追求时尚：当正处于青春期的孩子们聚会时，不会喝酒容易被同伴讥笑，会喝酒反而被认为是时尚的表现，于是为了炫耀自己，孩子们常会“潇洒”地畅饮一回。

可见，要矫正孩子饮酒的恶习，可以从以下几点入手：

首先，做好“榜样”。当孩子小的时候，他们对父母相当信任，模仿力也特别强，他们的行为方式大多模仿自己的父母。所以，在家庭中不要兴劝酒之风。即使是逢年过节，亲友欢聚，也不要互相劝酒，只能酌量少饮，适可而止。

其次，增强孩子的自控能力。孩子生来就争强好胜，很多时候，他们喝酒仅仅是为了别人的一句话而不服气喝下的。

再次，培养孩子正确的价值观。稍大些的孩子，已经开始有意识地在朋友们面前展示自己的优点，当然，由于他们的价值观并没有完全形成，对于很多行为的性质无法正确辨别，所以，他们的价值观极易受到外界的影响。以为喝酒就是时尚与豪爽，从而被迫喝饮。

最为重要的一点，是让孩子认清过量饮酒的危害性。孩子刚开始饮酒，大多并不清楚饮酒对人体的危害，心理上对酒精没有任何防备。家长可多找一些因过度酗酒而导致中毒、精神病的事例给他看，让他造成一种对酒精的警惕心理。这种方法被称为“情绪性角色扮演”矫正术，主要是通过交谈、事例，使酗酒青少年置身于一种假想的酗酒造成严重恶果的恐惧环境中，从而造成青少年对酒的厌恶，达到戒酒目的。

爱情游戏

雅玲是初中二年级学生，与同班的耀辉可以说是“青梅竹马”，他们总是一起上学，一起回家，就连休息日也形影不离。身边不少同学因此都用异样的眼光打量他们，让他们的压力很大。其实，这种关系算不算是恋爱，雅玲自己也不是很清楚，只是觉得两人在一起确实很开心。

燕子是初中三年级学生，她并不隐瞒与外校的一名男生暗生情愫，但是两人的关系却很健康。燕子是在一次学生活动中认识该男孩的，两人志趣特别相投，之后来往渐密。尽管两人都相互依恋，但燕子认为，还是应该以学业为重。他俩曾经相互承诺过，等到考大学后才正式约会，这之前大家都应专心学习。假期中，两人也会结伴相游，但他们的这种关系丝毫没有影响学习。

在今天，中学生这种“约会”现象日渐普遍起来。某校的一项调查表明，全校约32%中学生认为“只要掌握分寸，又不影响学习，约会是正常的社交活动”。

“早恋”之种种

中学生早恋可以归纳为八种类型：

第一种：爱慕型，即青少年之间由于爱慕对方而产生的早恋现象。根据爱慕对象的不同，又可分为：仪表型，就是由于爱慕对方外在的仪表而产生的早恋；专长型，就是因为爱慕对方的能力专长而产生的早恋；品性型，就是由于爱慕对方的优秀品性而产生的早恋。

第二种：好奇型，即由于对异性的好奇心而产生的早恋现象。对异性产生强烈的好奇心，是青春期的青少年随着性意识的发展而自然产生的一种心理现象。青少年由于生理发育和性成熟，很容易产生性冲动，对异性变得很敏感，渴望了解异性的心理和生理，了解异性对自己的态度。为了满足这种好奇心，就想结交异性朋友，建立“恋爱”关系。

第三种：模仿型，即因为模仿别人的行为而产生的早恋现象。模仿的对象主要来自社会生活、影视作品和报刊书籍。

第四种：从众型，即迫于周围人的压力产生的早恋现象。周围人是指所处的同年龄群体。

第五种：愉悦型，即为了获得愉悦的情感体验而产生的早恋现象。青春期男女之间的密切交往，往往会给双方带来愉快的体验，这种愉快的体验会进一步促进青少年之间的密切交往，逐渐转变为早恋。

第六种：补偿型，即为了获得感情补偿和排解受挫的情绪而产生的早恋现象。感情补偿是指青少年在学业上或感情方面受到挫折时，出于争强好胜的心理，或者为了摆脱感情创伤，一些青少年就想用早恋的方式排遣受挫的情绪，从异性那里获得感情补偿。

第七种：叛逆型，即由于青少年在两性交往中受到别人不恰当的干预所产生的早恋现象。最典型的心理就是“你们不许我这样做，我偏要这样做”。在叛逆心理的作用下，正常的异性交往会迅速向早恋关系发展。

第八种：病理型，即由于病理原因而产生的早恋现象。在当代社会，由于营养过剩，一些食品中含有性激素的作用，或者生理上的疾病、家庭遗传等原因，造成一些青少年身体早熟，身体外观像成年人，或者心理早熟，或者性变态心理。这些都会诱发青少年的早恋现象。

从以上早恋类型中，我们不难发现中学生“早恋”的实质。其实，除了极少量学生是出于病理原因外，大多数学生认为，有一个交往密切的异性朋友后就有一个真正关心自己的人，有些难于向亲人或朋友启齿的事，由于关系亲密的异性朋友可以信赖，就把抑郁在心里的事向他们倾诉，这是中学生舒缓心理压力的主要渠道。此外，一些学生还认为，情侣谈恋爱时可以讨论学习上的问题，取长补短，有明确的目标，大家互相促进。

笔者小语：

尽管少年的爱情是纯洁、美好的，但早恋还是必须坚决反对的。

因为在现代社会环境下，其结果往往消极而不幸，不仅很多孩子因此而严重影响学习，还导致一些孩子性犯罪。“早恋”对中学生来说，真是弊端多多。

家长们一般都深知早恋的严重危害，平时对孩子的异性交往监督很严，一有蛛丝马迹，必查个水落石出。这样做无可厚非，只是不少家长方法欠妥，总把中学生看作小孩子，不尊重孩子的人格尊严，私拆子女信笺，查看日记，监听电话，动不动就要严加管教，看不顺眼就任意训斥、责骂，还不允许辩解，因为辩解就是“不听话”、“顶嘴”、“造反”、“那还得了”。一旦发现早恋，更是大动干戈，拳脚相向，控制人身自由。

对此，建议家长和老师们应该多与孩子沟通，与孩子交朋友，了解他们的真实想法。如果他们的行为想法真的有偏差，就心平气和地与他们交流，作出正确引导，而不应采取过激的做法。

对于早恋的孩子，应着重关注以下几点：

首先要承认孩子间的纯洁情感。青春期的孩子，其精神世界是纯洁而多情的，爱情这一永不凋谢的美丽花朵能在这里找到肥沃的土壤。不要给孩子过大压力，不要灌输孩子认为早恋是“犯罪”。给予孩子信任，加强与孩子沟通，给孩子指出早恋的种种弊端，比如对于目前学业的影响，对于将来的影响，还可适当找一些早恋的悲剧故事讲给孩子听。

其次对孩子进行性教育。处在青春期的孩子，他们存在着各种性困惑，正处在探索阶段，如果他们得不到应有的性知识，不针对他们的生长发育进行性教育，他们便会主动去寻找。处在多媒体时代的青少年，他们对来自各种途径的性知识很难分清良莠，很可能受到色情的引诱，在对性和两性交往的神秘感和好奇心的驱使下，自己去尝试、体验，以至于出现很多少女自身怀孕已有几个月却并不自知之事。

再次，进行伦理道德教育。要对孩子进行责任和义务的教育。青春期的孩子易冲动，考虑问题、做事简单，往往不计结果，但家长应告诉孩子做事要对自己的行为负责。如孩子有了性欲望，不等于就可以有性行为，他要对社会、自己和对方负责，其行为应符合社会道德规范。

最后，要对孩子加强法律教育。家长应该让孩子懂得自己与他人的身体都具有不受侵犯的权利，任何人不能随便占有。当孩子受到侵害时，要让孩子学会保护自己、向周围人求助的方法。

总之，对孩子的“早恋”不可简单地采取“堵”的方式，进行合理疏导才是解决早恋的有效途径。

摇头晃脑

这是强调个性的时代，是追求时尚与自我的时代。摇头丸，就在这时成为青少年难以抵挡的诱惑。

有天晚上，珍晏去跳舞，强劲的音乐越放越激烈，舞池的人群也越跳越有气氛。这时，和珍晏一道来的朋友中有人掏出几粒摇头丸来吃。珍晏第一次见到这东西，有点儿害怕，没有吃。但她的朋友告诉她摇头丸不是毒品，没有副作用，吃完感觉特高兴。经不住诱惑的珍晏觉得朋友们不会害自己，而且自己本来也很想试试那会是怎么样的一种感觉，于是就咬下一小片放在酒里吞下了。当时，珍晏真的感觉到了一股难有的兴奋，这是她第一次接触摇头丸的放纵。但珍晏没有想到，就是这小小的药丸夺去了她年轻的生命。

暑假的一天，珍晏和朋友开车出游，在某旅馆住下。当天晚上，珍晏与朋友先后又去了市区的三间酒吧、KTV 唱歌、跳舞、喝酒，直至深夜。在酒吧里，珍晏将几粒摇头丸倒入自己的啤酒杯里，和着啤酒一起饮下。

午夜时分，珍晏一行六人回到旅馆休息。第二天上午十点多，药物在珍晏体内发作，开始产生幻觉，继而神志不清。珍晏失去了自控能力，胡言乱语，拉开朋友的被单并叫醒还在睡梦中的她们，还不停地说，这里是她的家，她妈妈回来了，找她一起去逛商店……

到了中午十二点，当六名青少年在办理退房手续时，走在前面的珍晏却失踪了。五个朋友到处寻找，直至晚上七点多仍不见珍晏的影子。朋友认为珍晏可能自己先回家去了，所以开车返回。回到家后，放心不下的朋友们打电话去珍晏家了解情况，才知珍晏没有回来。三天以后，警方通知珍晏的家长，珍晏由于神志不清，已溺死在湖里。

因服食摇头丸而致死的例子并非偶然，阿杰也是因此而死去的。阿杰是个好玩、好动的男孩子，以前在舞厅工作，做 DJ。为了带动气氛，阿杰在台上使出浑身解数，包括甩头。后来，阿杰的一个好朋友，给了他一颗摇头丸，告诉他吃完这个跳舞特别有情绪，而且不会上瘾，阿杰就这么吃了。阿杰是把它当做兴奋剂来吃的，当时并不认为它是毒品，这是阿杰第一次服摇头丸。去年二月的一天晚上，阿杰与朋友在一家饭店聚会。晚上九点半左右，阿杰看见聚会有些死气沉沉，为了让场面热起来，阿杰吃了一粒摇头丸，开始和着舞曲跳动起来。晚上十时多，阿杰开始狂躁不安，掀翻了饭店的沙发，打碎了饭店窗玻璃。阿杰父亲闻讯赶到，赔偿了饭店的损失后，立即将儿子送到了医院进行抢治。

检查发现，阿杰出现了急性肾功能衰竭，心肌酶也较高。第三天早晨，阿杰被转至医院的肾内科进行抢救。当天半夜，阿杰突然出现呼吸、心跳骤停，因抢救无效，于次日凌晨死亡。

为贪一时之欢，竟付出生命的代价，“摇头”究竟快乐不快乐？

笔者小语：

孩子吸毒，以摇头丸为主。

要让孩子远离毒品，关键要弄清楚：青少年为何会吸毒？

单从青少年自身来看，导致吸毒（摇头丸为多）的原因主要有以下几个方面：

①**受好奇心驱动，上瘾后不能自拔**。目前，毒品的种类很多，青少年由于对毒品认识不清，很易受到周围的诱惑，出于好奇而有了第一次，然后一步步走上不归路。

②**交友不慎，上当受骗**。很多青少年吸毒是由于受到朋友的迷惑，轻信朋友，认为朋友不会害自己而沾染上的。

③**精神空虚，寻求刺激**。有的青少年甚至把吸毒视为一种时髦、气派。

④**轻信传言，以为吸毒可治病**。这也是由于青少年不了解毒品而发生的悲剧。

⑤**生活受挫，悲观失望，企图以毒解愁**。

归根结底，青少年吸毒的根本原因还是由于对毒品（特别是摇头丸）的危害认识不清而造成的。

怎么才能让孩子远离毒品？

要让孩子了解毒品的本质。以摇头丸为例：由于摇头丸的实质不被人了解，所以它多为群体性地滥用，从某种角度看，摇头丸比海洛因更具欺骗性和危害性。摇头丸属于苯丙胺类毒品，与海洛因相比，虽然它成瘾慢，药力弱，但危害同样严重。它会严重损害大脑和中枢神经，而且摇头丸对人体的损害是不可恢复的。如果长期服用，同样会使人成瘾，主要是心理成瘾，并会造成心理障碍。很多吸食它的孩子，就是因为对它的危害并不知道。

多讲一些吸毒造成危害的实例给孩子听，这会对孩子造成极大的冲击，这对于避免孩子陷入毒品是最为直接有效的方法。

增强孩子抵御诱惑的能力。在孩子的周围处处充满诱惑，而作为家长，又不可能时刻守护在孩子身旁，增强孩子自身抗诱惑能力，是避免孩子吸毒以及陷入其他不良行为的根本方法。

BE RESPONSIBLE, KID!

下 篇

优行而为

之一：建立孩子的独立人格

换位思考

不愿认错的孩子

浩承在班上属于各个方面发展都很好的孩子，在幼儿群体中有一种唯我独尊的骄傲感，从未觉得自己有什么不对的地方。他不容任何人指出他所犯的错误，即使指出来，他也不承认。

浩承在剪纸课上，常常是自己剪坏了却撒谎说没拿到纸。有一天剪纸课上，刚做了一会儿，浩承又向老师报告值日生没发纸给他。在确定值日生给了他纸以后，老师没再像往常那样耐心地询问他，转而对全班小朋友说，剪纸课每个人只有一张纸，剪坏了自己负责。这样，浩承就只能看别人做手工了。

以后几次的类似情况发生时，老师也都对他采用同种方法。

为了帮助浩承彻底克服这个坏习惯，老师决定让浩承进行换位体验。

在剪纸课上，老师特意安排他发纸，然后又特意请其他同学说自己没有收到。浩承急了，向老师告状。老师看看孩子，什么都没说。浩承第二次发纸张时，相同的事情又发生了。到了第三次时，浩承便耐不住了："老师，他怎么这样子？明明发给他了，他却总说没收到。"

本来，替大家做事是很开心的，却得不到别人的认同，反受委屈，浩承心里很难过。看来，换位体验的效果还真不错。针对浩承此时的心理感受，老师耐心地与之交流，说："看看别的同学这样做你会很难受，那么，你以前有没有这样做过？你想想，别人不会难受吗？"有了这样的亲身体验，浩承不好意思地点了点头。

经过换位思考，浩承渐渐改掉了这个坏毛病。

教孩子换位思考

天下的父母哪有不疼爱自己孩子的？孩子的一举一动都牵动着每位父母的心。为了孩子过得幸福快乐，父母们想尽了办法，哪怕再怎么省吃俭用也得让孩子吃好、穿好、玩好。

父母的这种爱子之心是完全能够被理解的。但是，作为父母，这种爱子之举却并不是很理智的。这种爱会让孩子觉得父母为自己所做的一切都是理所当然，是自己应该拥有的权利。在父母无限制满足孩子要求的同时，孩子所获得的已不再只是快乐，他们还从中形成了以自我为中心的自私、霸道、任性等不良性格。这对于孩子的成长十分不利。

这让我想起一件事来。那时候，我还在一所中学做教师。上午放学后，一位衣着朴实、面容略显苍老的家长向我哭诉："老师，我非常爱孩子，总是想办法满足他的要求。这学期刚开学时，他想要一台计算机，于是我从生活费中硬挤出四千元为他买了一台。你看，这才开学一个月不到，他又看上了另外一台更昂贵的计算机，非要我买给他。我告诉孩子，这个月的钱实在太紧了，我不能答应。孩子一听这话就又哭又闹，还以不上学相要挟，怎么讲道理他都不听，只好咬牙买下。唉！这孩子真不懂事啊，不知道妈妈有多辛苦有多难啊。老师，我最近失业在家，到现在都还没找到工作，我家连生活都成问题了，可是孩子一点儿都不替我们着想，我真的很伤心。”

我没想到的是，这孩子的家境原来是如此地困难。这不得不让我担忧：这些泡在蜜糖里的孩子，只知道享受，根本不能体会父母的艰辛。这位家长生活窘迫却还要不停地满足孩子过分的要求，照这样下去，孩子会变成什么样？

因此，我向学校提议，在全校范围内开展一次“爸爸妈妈辛苦了”的主题活动。活动要求每个孩子对父母进行一天的跟踪调查。内容包括：父母做什么工作、做多长时间？平均一天能获多少报酬，平均一天为孩子支出多少？在家还要做哪些家事，花多长时间？为你要做哪些事情，要花多长时间？除此之外，父母还要应付哪些事？

通过调查，孩子们了解到：父母不仅仅在上班时辛苦劳累，下班后还要做一大堆的家务事，晚上还得辅导自己的课业，有时还得应付临时的事件……

在主题活动的讨论会上，孩子们满怀深情地谈着自己的父母，深深体会到父母为自己付出太多，而自己对父母的关心却很少。我还看到，那个吵着要妈妈换计算机的孩子眼中有泪花闪动。

其实，让孩子们学会换位思考，让孩子们体会到父母的辛劳，孩子们就会体贴父母，就能自觉地为家庭担起一份责任。

善待别人，就是善待自己

人一生多变，应该学会换位思考。

一位很有爱心的年轻妈妈，在女儿很小的时候，便开始长期住院。出院后，由于身体虚弱，年轻的妈妈决定找个保姆来照料这个家。

可是，当保姆做家事时，却什么也不会，还常常把东西打翻、打破，年轻的妈妈也没有责骂她。

有一天，保姆呜呜地哭了，说自己没用，不该到这里来赚钱。

对这个保姆，年轻的妈妈不忍解雇她，她决心多给她一些关爱，让她感受到疼爱。于是，年轻的妈妈和家人带着保姆一起去逛百货公司。热闹的街市使保姆兴奋不已，引得周围人频频回头看她。

这时候，已经上小学的女儿却绷着小脸走到前面去了，和保姆拉开了距离。在拥挤嘈杂中，年轻的妈妈止住女儿匆匆的脚步，嘱咐说："拉住她，别让她跟丢了。"

女儿对这一切有些不情愿，看来她对保姆感到十分厌恶。对此，妈妈对女儿说："你嫌弃她？你知道吗？她外出打工自食其力，是个很有勇气的女孩子。你应该保护、尊重她。假如有一天，你和她一样身处逆境，你有没有她这种勇气来面对生活？人一生境遇多变，你应该站在她的位置多想想！"

面对妈妈的严厉批评，女儿一句也没辩解，默默地哭了。女儿从此不再嫌弃保姆，还给予她很多关心。

放假时，女儿去参加夏令营活动，买回了两串项链，回家后她捧在手里先让保姆挑。爸爸出差，只买回一个小背包，女儿把背包送给了保姆。就是买新衣服，女儿也非得帮保姆买一件。保姆也特别喜欢女儿，有一次，妈妈嫌女儿留长头发麻烦，要把女儿的头发剪短，保姆一把抢过剪刀，坚决维护女儿的长发。

渐渐地，女儿长成了一个富有爱心的孩子，她善待周围的每个人，大家也都对这个女儿有着深厚的感情。换位思考，让女儿赢得了人缘，它也是优良品行的一种表现。

尝试放手

今天开学，妈妈对龙祎原本应该没有什么放心不下的。龙祎已经有了半年的托儿所生活经历。马上就能转入他自己向往已久的幼儿园，龙祎这几天表现得特别兴奋。

新的幼儿园门口特别热闹。小班的新生们拉着大人的手，有的兴高采烈地往里跑，有的却待在门口怎么都不肯进门，还有的小朋友抱着妈妈的腿哭闹着。

尽管龙祎也是这所园里的新生，但他并不胆怯，到了教室门外，龙祎还不好意思地吐着舌头对门口的老师笑了笑，稚气地跟老师问好，然后没等老师开口，他已经快乐地跑进教室了。

看着儿子快乐的神情，妈妈本应适时地离开。但不知为什么，妈妈还是在园里留了下来。

十多分钟后，全园的小朋友在大操场集合，妈妈看见了龙祎，他那双美丽的大眼睛好奇地打量着周围的一切，脸上依旧洋溢着快乐神情。妈妈欣慰地想，龙祎今天一定能开心地度过。

然而，当升旗仪式开始的时候，龙祎却变得有些沉默了，眼睛不停地四下搜寻着，突然间龙祎发现了妈妈，他的嘴角立刻撇了下来。他直视着妈妈，目光中充满期待。妈妈这时想躲起来，却已经来不及了。再看龙祎时，他的眼泪已经顺着小脸流下来了，接着开始不停地抽泣。

妈妈再也忍不住，不顾家长不能上操场的规定，两三步就跑到孩子的身边："龙祎，刚才还好好的，为什么哭呀？"九月的气温本来就高，龙祎的脸湿湿的，分不清楚是汗还是泪。妈妈拿出纸巾想要为他擦擦，龙祎一下子哭得更委屈，紧紧抱着妈妈不放开。对这情形，妈妈真不知该如何是好。龙祎的老师对妈妈说："你走吧，没关系的。"于是，妈妈狠下心消失在他的视线外。

龙祎看不见妈妈，没过多久就不再抽泣了。

开学典礼结束后，小朋友们回到了教室。妈妈躲藏在教室外，不敢出现。这时的龙祎已经恢复了他一贯快乐的神情，他开始安静地吃着早餐，老师还在全班表扬他吃饭很棒。想想孩子刚才委屈的样子，妈妈真想过去安慰他几句，正在妈妈犹豫不决的时候，龙祎又发现了妈妈，他的小嘴一下子又撇了下来。妈妈这下可后悔极了，龙祎本来是那么快乐的，都是妈妈惹的祸！趁着他的泪还没落下来，妈妈赶紧逃离。

是啊，孩子和亲人间的情感是无以替代的。孩子对自己的亲人，特别是自己的妈妈，他们是多么依赖啊，无论他在大家面前表现得有多好，在他心中，他永远都认为自己是妈妈的小婴儿，需要妈妈的陪伴与呵护。然而，小婴儿也是要长大的，也是要学着离开妈妈的。

年轻的妈妈，你应该明白，你不可能一辈子牵着孩子的小手陪着他慢慢前行。当孩子踏进教室的那一刻，你就应该学着放开孩子的手，让他们独自摇摇摆摆地走上人生的舞台，接受生活的考验与磨砺。

直视对错

别为孩子护短

嘉阳是个很贪玩的孩子，好几次都因为玩得兴起而忘了写作业。这天，当老师检查作业时，又忘了写作业的嘉阳便谎称自己的作业本不见了。老师特地打电话问嘉阳的妈妈，孩子是否写作业了，嘉阳的妈妈怕丢面子，也说孩子写作业了，她还给孩子检查过作业，只是作业本不知放在何处了。

这样一来，孩子和家长都没有丢掉面子，似乎维护了自己在老师心中的形象。但这种替孩子的过错开脱的做法，对孩子却是百害无一利的。

我们知道，孩子的成长过程，实质上就是一个不断克服缺点、修正错误行为的过程。正是在不断修正自己错误的行为当中，孩子们学会了正确的处事态度与方法。在孩子犯错误的时候，如果家长不能及时指出，并进行正确引导，孩子们对自己错误的或不当的行为是无法自知的。如果家长怕丢面子而包庇孩子的短处，孩子们将效仿家长的作法，这样，就在无形中助长了孩子的这种不良习气，这对于孩子的健康成长是很不利的。

教孩子对过失负责

有无责任心，是做人成功与否的基本标准。因此，从小培养孩子的责任心，是培养子女健康人格的基本内容之一。其中，特别要注意对孩子过失的处理。

由于缺乏知识与经验，孩子经常会发生一些过失，这很正常，不用大惊小怪。比如：不小心打破了花瓶，一时冲动与小朋友打架，因好奇而使商店的整排货品掉落等等。发生这类过失的时候，许多父母总会责怪孩子："你是怎么搞的？能这样做吗？你快走吧。"于是，孩子走了，好像什么事也没发生过，更不用为自己的过失负责，因为有父母替自己承担责任，替自己道歉，替自己赔偿。

在父母如此的保护下，孩子怎么会有责任心？

其实，在孩子出现过失的时候，恰好是教育孩子的时候，因为内疚和不安使他急于求助。在这种状况下，孩子所明白的道理很可能是刻骨铭心的，很可能让他终生难忘。不过，此时，作为父母应当保持冷静，不要大声斥责，更不能夸大其词地恐吓孩子，而应当明确指出孩子的过失所在，实事求是地讲清道理，并帮助孩子找到弥补的方法。

对于孩子的过失，如果父母将本应让孩子承担、孩子自己又能够承担的过失包揽下来，孩子也许会对责任心毫不在意；反之，如果父母对孩子无心的过失横加指责、夸大恐吓，又很容易导致孩子从此变得畏首畏尾，甚至精神崩溃。

所以，不论孩子有了什么过失，只要他有一定的能力，就应当让他承担适当的责任。这样，孩子就能成为一个富有责任感的人，这也是父母对孩子的真爱。

惩罚原则

每个孩子都会犯错，都有受家长惩罚的时候，如何使孩子在惩罚中进步、提高，不致因惩罚而使孩子心头积聚孤僻仇恨情绪，进而造成父子双方对立，这其中有很大的学问。国外有本名为《父亲手册》的书，具体阐释了惩罚的七条原则，在此推荐给家长们。

一、犯错受罚。如果孩子生气时把一片玻璃打碎，虽非故意，你也要教育他这是他造成的过错。他虽然没有料想到自己行为的后果，但他仍要负赔偿之责。

二、明确要求。要对孩子说清楚自己的要求，假如你要求孩子做完家庭作业才准看电视，你就要跟他说得一清二楚，让他记在心上。如果你发现孩子不做功课而先看电视，你就罚他几天之内都不准看电视。你先要定下你的要求，他犯了再惩罚，不可不教而罚。

三、预先警告。在惩罚之前，先对孩子警告，一两次警告就会让孩子警惕，他必须改正自己的行为，否则就会受到惩罚。

四、惩罚的开始与结果要明确。不要让家中一整天都充满了怨愤气息。惩罚完毕，一切便算过去。

五、立即惩罚。妈妈常对孩子说的那句，“爸爸回家后你就有得瞧了!”的口头禅，并不适合实际情形。尤其是对孩子来说，这就更坏。因为小孩子没什么时间观念，等到他被惩罚时，他早忘了惩罚的原因了。大一点的孩子如犯了重大错误也需要立刻处罚。母亲如果能立刻把父亲叫回家来，父亲在当场惩罚要比等他下班回家后再惩罚有效。

六、解释原因。在惩罚前，一定要向孩子解释一遍惩罚的原因，否则孩子不懂他们为什么受罚。

七、言出必行。假如你警告过孩子当他犯某一种过错时要惩罚他，那么在他犯错后，你就一定要实行你惩罚的诺言。假如你不处罚，你以后便难以下达命令，你的惩罚也就失去了恫吓作用。

面对跌倒

十六岁的伊娇以优异的成绩考入国际知名的大学，回想自己走过的路，她最难忘那次跌倒的情形。直到现在，伊娇的耳畔还常常回响着爸爸亲切而威严的声音：“跌倒了，自己爬起来！”这声音就像遥远而缥渺的梦境，一直陪着伊娇的成长。

伊娇出生在风景秀美的水乡，每到梅雨时节，家门前那条长着青苔的卵石路就变得湿湿滑滑的。两岁的时候，伊娇刚刚放开妈妈的手，开始一步一步地蹒跚着前行。在这样的季节，连大人不留意也常会跌倒，对于才二岁多一点儿的伊娇，路的难走就更不用说了。一个踉跄，伊娇跌倒在地，手中的布娃娃被抛出老远。伊娇伏在地上，小脑袋努力转向后面去望爸爸，伊娇多希望爸爸过来抱起自己。可是，爸爸只怜爱地远远看着她，并没有跑过来。

娇伊看见自己稚嫩的手掌蹭出了细细的血珠，伊娇想哭、很想哭，泪水在眼眶中打转。但是，伊娇听见了爸爸雄浑而果断的声音："跌倒了，自己爬起来！"爸爸的声音就好像命令，伊娇终于没有落下泪来，挣扎着从地上爬起。从此，每当伊娇跌倒，她都会顽强地站起来，迈着坚定的步伐继续前行。就这样，伊娇一步步走向了成功。

事实上，人生的路途上，也常常是这样的艰辛难走，在一生中不知要跌倒多少次：在升学的路上跌倒、在求职的途中跌倒、在相爱的河里跌倒……

父母总是无法陪伴孩子一生一世的，不可能在孩子跌倒的每一次都陪在孩子身旁。面对孩子的跌倒，让他学会自己站起来，他才不至于因此而永远地躺下停滞不前。只有让孩子学会自己站起来，他才能迈着坚定的步伐向着自己的目标不断前行。

独立解决

从小养成独立性

培养孩子的独立性，让孩子独立解决自己力所能及的问题，使孩子与家长双双受益。

让孩子学着独立解决问题，不仅有助于培养孩子自我照顾、自我保护的能力，而且可以培养孩子独立思考能力和孩子的创造能力。

孩子由于经验及认知的限制，刚开始学习独立解决问题时，也许会给父母增添很多麻烦，这就要求父母必须耐心、宽容，给予孩子练习与实践的机会。

从孩子刚会说话和行走开始，就应努力寻找机会训练孩子独立选择的能力以及独立生活、做事的能力，如让孩子挑选他喜欢玩的玩具，让孩子自己睡，起床后自己穿衣、叠小被等。

理解孩子的某些任性行为，“不听话”常常是他们要独立做事的外在表现形式。肯定孩子在日常生活中显露出的独立性萌芽。只要在安全、合理的范围内，就放手让孩子自己做，从而给他独立、自由的机会。

当孩子在独立解决问题的过程中遇到困难时，父母不要急于提供直接的帮助，而是引导孩子自己多角度地思考，鼓励孩子独立克服困难。

一有困难就叫妈妈的孩子

玲玲有一个不爱动脑筋的坏习惯，遇事总叫妈妈。

在玲玲刚上学时，有一次遇到了不会做的题目，她叫妈妈。妈妈也认为玲玲还小，所以有求必应。其实，题目并不很难，玲玲也十分聪明，妈妈刚开口，玲玲就全懂了。妈妈看玲玲很快就明白了这道题目，很开心，于是对玲玲说：“不会做的就问妈妈吧。”而从此以后，每当稍微遇到困难的时候，玲玲就叫妈妈，久而久之，玲玲养成了依赖妈妈的坏习惯。

尽管玲玲现在已经十三岁了，但遇到困难还是不动脑筋地叫妈妈。妈妈这下可烦恼了，自己能陪孩子一辈子吗？

其实妈妈的苦恼是自己造成的。这是因为妈妈对玲玲错用了心理学上的正强化原理。玲玲遇到难题就叫妈妈，这种行为的结果是“难题变得很容易”，玲玲当然对此很满意，所以会继续“有难题就叫妈妈”。玲玲的妈妈也发现“我一讲，她就懂”，所以妈妈很高兴，也就乐意孩子遇到困难向自己求助。

然而，当妈妈猛然醒悟过来，想让孩子独立解决困难时，却发现孩子已经养成这样的坏习惯而难以自拔了。

那么，玲玲的坏习惯还能改掉吗？这就需要一段时间的行为矫正，而靠说教却是无济于事的。

矫正步骤

第一步：鼓励孩子独立思考。

如果玲玲又叫妈妈，妈妈可以说：“我正忙，你先想想。”等孩子思考一会儿后，让她把自己的理解讲出来。只要孩子讲，就是她独立思考的开始。即使与正确的理解有很大偏差，也要及时肯定她积极思考的行为，让孩子重建自信。

第二步：鼓励孩子独立做。在孩子思考的基础上（当然，如果孩子前面的理解不对或不全面，家长应当帮助孩子进行正确的理解），让孩子试着自己先做一部分。不管孩子做了多少都给予肯定，若一点都没做，就再说："妈妈还有事，请你继续做。"直到孩子能独立做一点。

第三步：建立孩子自信心，明确地告诉孩子"你可以的"。在孩子已经能独立完成一点的基础上，明确地告诉孩子"你可以的"，并与孩子约定，以后遇到难题都试着自己做。当孩子独立完成时，无论对错都给孩子鼓励，并可用奖品强化孩子独立解决的信心。

第四步：与孩子约定，做对了特别难的题目再给特别的奖励。经过这样的行为矫正，孩子一定能够独立解决难题。

以上方法，也适用于孩子们学习以外的其他依赖性行为。

教孩子整理卧室。如今，能够自己整理卧室和床铺的孩子是不多的。每当孩子早晨一起床，妈妈便跟进去忙得不亦乐乎：整理床单、叠被子、捡出乱丢的脏衣服，甚至于还帮孩子整理书桌……

孩子为何不整理房间呢？一方面可能是孩子懒，不愿动手去整理；另一方面，许多孩子也根本不懂得如何去整理，而做父母的也乐意替孩子整理。

父母对孩子的那份关怀和呵护虽说是天经地义，但从长远来看，过度的悉心照顾对孩子的全面发展并无一点好处，这种代劳不仅妨碍了孩子生活能力的培养，也容易养成孩子的依赖心理。让我们从如何教孩子自己整理房间和床铺开始吧。

要唤醒孩子的自理意识，改变孩子事事都依赖父母的习惯。要让孩子明白，自己终究是会长大的。孩子的自理意识一旦觉醒，他就愿意学着自己的事自己做，这时，家长就要及时表扬孩子的行为，以巩固孩子的正确观念。

应教会孩子整理房间和床铺的方法。有许多孩子也想自己整理房间和床铺，然而又不知如何整理，常常整来整去还是乱糟糟的，这时父母就应抓住机会教孩子整理房间和床铺的方法，而不应责骂孩子，更不应代替孩子整理。

父母可以边教边示范，孩子的模仿能力强，或许刚开始时还要父母指导，但慢慢的，孩子就可以独立整理自己的房间和床铺了。孩子在学着自己整理卧室和床铺时，如遇有困难，父母要及时给予孩子适当的帮助。尽管有些孩子的这一转变过程可能较长，但只要持之以恒，孩子就能看到自己的成功。

之二：建立孩子的自信人生

退缩行为

退缩行为是儿童社会化过程中出现的其中一个问题，如今有这种问题的儿童并不少见。其表现为：过分回避交往。对与陌生人的接触或交往表现为不知所措，且过分胆小怕事。这样的儿童渴望参与到其他小朋友的活动之中，但却退缩不前，几乎没有任何主动性。

小健以前很胆怯，从他稍微懂事起，一看见陌生人就拼命往后躲，更不要说去主动跟他人打招呼交谈了，胆小软弱得连比他小的孩子都敢欺侮他。为纠正孩子的这一缺陷，做家长的颇费了一番心思，现在看来还是很有效果的。

让他多见点世面

为了让孩子敢作敢为、遇事不畏缩，改变软弱的表现，平时，小健的爸爸妈妈就常带他去游玩，通过接触外界、接触大自然和各类动物等，培养他大胆、大胆、再大胆的性格，以抵制他自身的畏缩不前。在日常生活中，鼓励孩子大胆做事，对的表扬奖励，错了温柔地讲明事理，不打他也不训斥他。针对孩子爱掉眼泪这一毛病，小健的爸爸妈妈采取每星期考评的办法，表现得好的就适当给予精神和物质奖励，但做不到也不处罚，而是多提醒、多鼓励。有一次，爸爸问他："如果受到别的小朋友欺负时怎么办？"小健回答："我就逃跑。"爸爸立即否定了孩子的说法，并开导教育他说："逃并不是解决问题的办法，但也不能打。正确的做法是勇敢面对，制止并警告对方不能这样做，同时向老师、向爸爸妈妈反映情况。"孩子听后，赞同地点点头。

为他创造交际空间

不爱多说话，不喜欢与陌生小朋友一起玩耍，这对塑造孩子良好性格是极为不利的。为此，小健的爸爸妈妈不厌其烦地反复强调、督促。如平时出门遇见熟人，开始时提醒督促孩子多打招呼，以后又不断地强调，促使孩子主动上别的小朋友家去玩。

给他大胆表演的舞台

孩子总是难为情，不敢在公开场合表现自己。面对竞争如此激烈的社会，这样的孩子以后怎么在社会中生存？这必须调整。有一次，孩子放学回家说起他在课堂里举过手，妈妈当即夸奖了他一番，并鼓励他以后要多举手，“知道的举手回答，不知道的更要举手问清楚”。在许多公众场合，小健的爸爸妈妈总是叫他唱歌、跳舞等等，以此训练他的胆量，克服难为情的心理。在日常的生活中，小健的父母也很注意帮孩子创造多接触、多露面的机会。比如，遇到收费员、邮差或者买油盐酱醋之类的小东西，也总是让孩子单独去做。

经过以上各方面的训练，孩子逐渐变得勇敢、自信，看到陌生人不再退缩躲藏；不再受小朋友欺负，还喜欢与小朋友一起玩；在课堂上也能踊跃发言。其实，孩子有了退缩性的行为并不是不可克服，只要我们做家长的耐心地帮助他们，多给他们一些关心、鼓励、引导与训练，相信他们都能成长为大方、勇敢、自信的人。

不善言辞

在组织团体活动时，时常会遇到以下的情况：有些孩子总是踊跃举手发言，有些孩子却从不举手。我们通常会叫举手的孩子发言而忽略了不举手的孩子，从而导致两极分化：踊跃的更踊跃，沉默的更沉默。

孩子不爱举手回答问题，可能有多种原因，我们应根据不同情况而有不同的对待方式。

有的孩子是没有注意听讲，不知道老师问什么问题，所以不举手发言。对于这类孩子，家长应注意培养孩子做事专注的特质。儿童教育研究者证实，人的注意力是随着年龄的增长日益稳定的，幼儿时期注意力极易分散，因此家长在日常的生活中要注意观察孩子的注意力，用游戏或其他有趣的活动来培养孩子做事专心致志的好习惯。

有的孩子不爱举手发言，是因为思维不敏捷或不敢确定答案是否正确。对于这类孩子，家长要着重培养孩子的自信心理，并教育孩子不必将成败看得过重，只要积极地做、勇敢地做就好。

有些孩子学习用功，听讲专注，思维也相当敏捷，但是由于性格内向、不好意思回答，甚至害怕回答问题，所以不敢举手发言。对于这些孩子，你应注意以下几点：

一、教会孩子如何与人交往。例如，当有人与孩子讲话或问候时，教孩子此时应该如何响应：用眼睛直视说话的人，并向他问好，而且要有礼貌的加上适当的称谓。

二、积极评价孩子的行为。父母的积极评价有助于孩子建立其自尊心与自信心。积极评价是激发孩子潜力的有效手段，是孩子建立良好自尊心与自信心的源泉。积极客观地评价自己的孩子，不要总是看到孩子的缺点，不要以“完美”的标准去苛责孩子，应以发展的眼光来看孩子。

三、对孩子要多鼓励少批评。及时表扬孩子的微小进步，孩子再微小的进步也值得表扬，不要把它当作“理所当然”而忽略掉。

四、淡化成败得失。不过分指责孩子的失败与错误。应了解孩子失败和犯错的动机、原因。面对这些失败与错误，父母应予以谅解和宽容，给予帮助和支持。

五、纠正孩子的过失要适时适量。当着别人的面尽量少责备孩子，不要习惯于数落孩子的不是。

胆怯恐惧

女儿别怕

吃完早餐，妈妈带女儿小雪下楼骑单车。突然对面走来一位年轻人，离小雪还有两三米的时候，小雪突然变得紧张起来，一只手紧紧地抓住妈妈的手，车也不骑了，靠在路边，一脸惊恐的表情，直到这位年轻人走远了，才恢复了正常。此后碰见的几个陌生人，都是同样的反应，好像对男士的反应更强烈些。这一天，妈妈心里像压了块石头。

晚上，妈妈对爸爸谈起了这件事，两人商量好采取以下方式帮助小雪克服恐惧心理：

第一步：分析出小雪害怕的是哪些人或事情，确定要克服的目标。小雪特别害怕男士，那就从男士入手。

第二步：选择小雪经常活动的地点作为训练场所，如社

区里的花园。带着小雪去花园里踢踢球，玩一玩。球是一个很好的工具。

第一个星期：和小雪像往常一样出去玩。不过，要厚着脸皮凑热闹，哪儿人多去哪儿，哪儿有男士去哪儿，就和小雪在聊天的或散步的男士旁边玩。小雪不太适应，这时需要妈妈开发出好玩的游戏来吸引小雪。例如，把球从后脑勺上扔过去，双脚夹球走路。这样玩两三天，根据小雪的反应采取下面的步骤。

第二个星期：这时小雪已经习惯和大人一起在人多的地方，特别是有男士的地方玩（如果不适应接着进行第一个星期的方案），现在就要培养她自己能接触陌生的男士。利用球，妈妈可以把球踢到离自己不远处的男士旁边，让小雪去捡回来，刚开始孩子可能会害怕，妈妈要鼓励，称赞小雪勇敢，也可以陪她去捡，然后慢慢地进展到让小雪自己去捡。不能恐吓小雪，要多鼓励。同时，碰到认识的男士时要建议小雪打招呼，如果小雪有害怕的神情，要向小雪说明，“这是某某小朋友的爸爸”以增加小雪的亲近感。

第三个星期：让小雪有单独和男士待在一起的机会。对小雪说，妈妈要去扔垃圾，让她自己和叔叔（当然是邻居或熟人）在这等一会儿，看着妈妈去扔垃圾。逐渐进展到小雪和叔叔等着的时候看不见妈妈的行踪。

第四个星期：复习以上步骤的同时让男士抱小雪。如果小雪高兴地让叔叔抱抱，那她基本上已经没有恐惧感了。

如果你的孩子也对陌生人有恐惧感，你不妨也试试上面的招数。

恐惧源于无知

不仅孩子，成人也会有许多感到恐惧的事物，这是人类的一种自我保护的本能。但是，当一个人（尤其是孩子）感到恐惧的事物过多，且又常常是没有具体原因时，这种恐惧感便会影响他的正常生活，严重的还会产生一些心理疾病。

对于孩子的恐惧感，家长通常采用的办法有以下几种：奚落——“不要做这种胆小的孩子！”；强制——“过来，摸摸这只小猫。它不会抓你的。”；逻辑说服——“那是电影上演的，世界上哪有什么妖怪！”；或不加理会。

事实证明，父母的这几种方法没有一种是有效的，相反的，有些方法还可能会加重孩子的恐惧感。那么，如何帮助孩子克服恐惧感呢？以下提供几种较为有效的方法：

亲自实践、体验。当大人一边解释，一边用实际行动证明孩子的恐惧是多余时，常常能帮助孩子克服恐惧。如帮助一个怕黑暗的孩子，父母可以把房间里的灯关掉，然后把一个皮球滚进去，让孩子去捡皮球。开始时，孩子一定害怕，父母可以一边向孩子保证房间里是安全的，一边陪他进去拿。这样几次之后，孩子的胆子就会大起来，敢独自去房间里捡皮球了。经过反复训练几次之后，孩子一般可以克服对黑暗的恐惧。

模仿示范。通过对别人行为的模仿、表现，也能有效地帮助孩子克服恐惧感。如对待一个怕猫的孩子，父母可以让他观看另一个与他年龄相仿，毫无恐惧感的儿童高兴地和一只猫玩。这样看过几次之后，大部分孩子都敢抚摸猫，不像以前那样害怕了。

系统克服法。这种方法由远及近，逐步地使孩子接触他所害怕的情境，从而克服恐惧感。如对于一个怕猫的孩子，先让孩子观看照片中的猫；等孩子适应后，再让孩子远远地看猫；逐渐地，可以离猫越来越近；在妈妈的陪伴下碰一下猫；最后可以自己摸猫，直至敢独自和猫一起玩。经过这种渐进的过程，使孩子摆脱对猫的恐惧心理。

总之，孩子对于神秘的、未知的人、事物容易产生恐惧与害怕，让孩子认识自己所害怕的事物，是解决孩子恐惧感的根本。可以从看害怕对象的有关资料介绍、标本等入手，使孩子了解害怕的事物，消除其神秘感与恐惧感。针对孩子的不同年龄，通过尝试运用角色扮演、理性分析等手段，帮助孩子建立合理的信念，使恐惧反应得以消除。

举棋不定

孩子做事拿不定主意、犹豫不决、不果断是意志薄弱的表现。究其原因有以下两种：

1. **成人过于保护，孩子依赖性强**。成人出自“好心”，唯恐委屈了孩子，一味包办代替或过多干涉孩子的事情。这样，孩子就没有独立做事的经验，一旦遇事让他拿主意时，就不知所措，祈求别人的帮助。

2. **成人要求过分严格，孩子自信不足**。父母望子成龙心切，对待孩子往往期望过高，总是不满意孩子的表现，赞许少，批评多。有的父母还让孩子做能力未及的事，又不帮助他，结果，孩子常常感到失败的痛苦，无自信，害怕做错事，更拿不定主意。

孩子做事不会天生就果断，成人应注意教育孩子，并让孩子在自我训练中培养果断的意志力。

一、对因过分保护造成的，成人可从以下两方面去训练孩子：

放手让孩子去做力所能及的事，克服依赖性。孩子的特点是好奇好动的，一般都愿意参加一些活动。成人要尽早让孩子练习一些基本生活技能，如穿衣、穿鞋、擦桌子，独立完成简单的委托任务。凡是孩子能够做到的，成人尽量不插手，给孩子足够的时间去思考、尝试，发现自己的能力。孩子感觉自己有能力去做好某件事，就会果断地去做。

创造机会，鼓励孩子下决心。一个人在作出一个决定之前，需要考虑利弊得失，再作出最佳选择。成人应在一定范围内给孩子充分自主的机会，让孩子有自我决策和选择的权利，凭自己的思考、能力去决定做什么事、如何做。例如到商店给孩子选购衣服，价钱由父母选定后，鼓励孩子自己拿主意选择自己喜欢的款式与花色。

二、对因过分严格要求造成的，成人应注意以下三点。

正确评价孩子做的事。对孩子要求不要过高，要多鼓励、少批评。对竭尽全力却没做好的事，成人要给予理解，告诉孩子："没关系，以后再慢慢努力。爸爸小时候也常常这样。"成人正确的评价，可减轻孩子的心理压力，下次做事，他会再一次鼓起勇气去拿定主意。

给予孩子必要的帮助。对于较难做的事，成人应该与孩子一起去做，并给予适当帮助，教孩子逐步学会一些克服困难的方法和技巧。孩子有了成功的经验，就会增强自信，做事果断。

让孩子做事时，成人提要求要具体、明确。尽量让孩子明白如何做。含糊不清、笼统会使孩子感到无从下手，拿不定主意。

另外，成人还可通过一些培养机敏、果断的运动、智力游戏来有意识地培养孩子的果断性。

性格软弱

性格是一种个性心理特点。在日常生活中经常能遇到一些孩子，见到陌生人就哭，不敢做自己的事，随时要大人陪着。这些孩子畏首畏尾、缺乏独立性、过分依恋亲人、在生人面前不敢说话，这是性格软弱孩子最突出的表现。

孩子软弱的性格是如何形成的呢？

1. **与家庭环境有关**。有些孩子生活范围很小，平日只生活在自己的小家庭中，很少出去玩，所以孩子接触的外人不多，对亲人的依赖性也就较强，不能独立地适应环境。

2. **家庭教育方法不当**。有些孩子在家不听家长的话，家长就对孩子进行恐吓。比如遇到孩子无理取闹时，“你再哭，我就把你扔到外面去喂老虎”；有的孩子不爱睡觉，大人就学猫叫来吓唬；孩子喜欢玩泥巴，家长就说，“泥土里有咬人的虫子”。在这些恐吓下，孩子没有了安全感，后来就会变得性格软弱。

3. **在日常生活中对孩子过多限制**。上公园不让孩子爬山，恐怕摔下来；郊游时不让孩子去湖边，怕掉进去等等。由于孩子无法从经验中获得体验，这也让孩子变得性格软弱。

对于这些性格软弱的孩子，父母应及时提供帮助：

1. **让孩子学会生活，把握自己**。家长的包办代替是孩子形成软弱性格的重要原因之一。一些家长对孩子百依百顺，这等于剥夺了孩子自我表现的机会，导致了孩子独立生活能力的萎缩。

2. **让孩子接触同伴，训练自己**。心理学家指出，孩子的性格在游戏和日常生活中表现得最为明显，这也是纠正不良性格的最佳途径。爱模仿是孩子的一大特点，父母要让性格软弱的孩子经常和胆大勇敢的同伴在一起，跟着作出一些平时不敢做的事，耳濡目染，慢慢地使孩子得到训练。

3. **尊重孩子，不当众揭孩子的短**。相对来说，性格软弱的孩子比较内向，感情较脆弱，父母尤其要注意保护孩子的自尊心。如果当众揭孩子的短，会损伤孩子的尊严。

4．让孩子大胆地说话。要做到这一点，功夫还是在父母身上。首先，父母应该戒急戒躁，不能当面打骂、责备，逼迫孩子说话；其次，可以邀请一些同年龄小孩和性格软弱者一起参与团体活动，这时父母在一旁引导或干脆回避，让他们有一个自由的无拘束的语言空间。如果条件允许，父母还可以经常带孩子到一些视野、空间开阔的地带，鼓励孩子放声宣泄。性格软弱不可小视，性格软弱的孩子无法参与社会的竞争，无法面对生活中的各种困难，甚至于当他们长大后，连自己合法的权益也难以争取。

害羞腼腆

害羞，通常被视为一种不良个性，害羞者的神经系统天生较发达，智商较高。在社会交往中，害羞者由于自我意识强烈，变得更为敏感和机警，一遇到陌生人，便心跳加速，脸红耳热，手足无措。

害羞的人具有一定的优势，较精明，勤于思考，富有创造力和实践精神，对坎坷、挫折、失败等的承受能力也较强。但是，害羞性格的消极一面也不可忽视，比如临阵退缩，就是成功的一大障碍。

害羞性格的形成有多方面的原因：

孩子出生以后，生活在一个复杂的社会环境中，需要与别人交往沟通。如果家长忽略了孩子的这种需求，整天把他关在房间里，不与周围接触，那么，孩子就会无法独立做任何事，变得害羞起来，这也是缺乏社会交往能力的表现。

孩子自主性没有得到发展，是造成害羞腼腆的另一原因。孩子从出生八个月到三岁之间，是实现自主性的关键期。这个时期的孩子学会了走路、说话，生活范围更加扩大，也爱提问，爱模仿，爱做游戏，喜欢抢着去做自己的事情，表现出顽皮、不听话，这是自主性发展的表现。如果家长不认识这一特点，对于一些孩子可以做的事，总不让孩子自己做，心疼孩子，怕孩子做不好，结果就会压抑孩子自主性的发展，使他怀疑自己的能力，形成害羞心理。

孩子的害羞，还有一个原因是家长不恰当的批评和指责造成的。比如，孩子主动擦桌子，可能没擦干净。如果家长不首先肯定孩子积极性的一面，任意指责，也会造成孩子怀疑自己的能力而变得害羞胆怯。

另外，对一些生理上有毛病或有不良行为习惯的孩子，家长不是从关爱的角度出发来帮助孩子，反而对孩子进行责备和取笑，这会挫伤孩子的自尊心，使他们形成害羞胆怯的心理。

要克服孩子害羞胆怯的心理，得根据不同成因，采取针对性的措施：

对孩子自主性的需要，既不能一味满足，也不能过多限制。一味满足，容易造成任性和执拗；过多限制，会挫伤孩子的自尊心，从而使孩子变得顺从依赖，缺乏自主独立能力。对孩子的行为，家长应从孩子的角度加以评价，肯定他们做得好的地方。

要扩大孩子的社会生活圈子。例如，鼓励孩子与其他小朋友一起玩耍；让孩子接待客人，做一些招待活动，比如送茶水、送糖果、搬椅子等；鼓励孩子参与简单的社会交往活动，比如让孩子独自到商店买小东西。

从小培养孩子生活自主的能力和习惯，鼓励孩子做力所能及的事情。如自己穿衣裤，自己洗脸，扫地，整理玩具、图书等。孩子做这些事时，家长要在方法上加以指导。对孩子认真做事的态度要表扬，对孩子做得不太好的事，除了告诉孩子应当怎样做以外，还应鼓励孩子下次做得更好，加强孩子的自信心。

把克服害羞心理与纠正不良行为结合起来。对孩子不良行为习惯不能只批评指责，更不可讥讽嘲笑，这样会损伤孩子自信心和自尊心。纠正孩子不良行为习惯时，要为孩子提供正确行为的条件，例如，为孩子准备好面纸，不让孩子产生用手指挖鼻孔的坏习惯。要纠正孩子害羞腼腆的性格弱点，要从小处着手，从点滴做起，要持之以恒才有成效。

之三：建立孩子的坚强意志

拒绝诱惑

不谙世事的孩子把别的小朋友的玩具放进自己口袋里，或是从超市的货架上拿一包糖握在手里，你会作何反应？最好的方法是立即循循善诱地跟孩子讲类似的故事，让他明白其中的道理，管住自己。

给是非一个界限

没有规矩不成方圆。从孩子一岁左右起，为孩子建立一套简单、明了、容易操作的行为规则，让他知道什么是对的，什么是错的；哪些可以做，哪些不可以做。给他一个宽松而不失规则的环境生活，逐渐学会自律。比如，不是自己的东西不能伸手去拿；拿别人的东西要经过主人的同意；外人给东西，应先问问爸爸妈妈能不能要。不到一岁的孩子听不懂过多的解释，可直接用其他东西转移其注意力；如果孩子两三岁，能听懂一些道理了，爸爸妈妈可以借助讲故事的方式使孩子明白其中的原因。孩子很可能几次犯同一个错误，这时爸爸妈妈要“解释清楚”，注意不要伤害孩子的自尊心。

提供必要的准备

爸爸妈妈不能惯着孩子见什么要什么，但某些东西，最好也为孩子准备，像玩土玩水用的小水桶、小铲子、小皮球、可以坐在上面自己“驾驶”的汽车等。如果孩子没有这些自己喜欢玩，又很大众化的玩具，看到别的孩子玩得高高兴兴，自己被冷落在一旁，内心会很失落、压抑，容易形成自卑心理。所以，该买的一定要买。不然，极度的压抑会促使孩子将他人的东西据为己有。

认准坚持我自己

在孩子的内心埋下是与非的种子，并让他从小“坚持我自己”，不盲从。告诉孩子，不能做的事情，即使是身边的小朋友都做，自己也不能做，还要制止他人。比如，到游乐场玩，看到有的孩子把海洋球装进口袋里，即使自己喜欢那些彩色的球，也不能学着把球塞进自己的口袋，因为那不是自己的东西。

父母要做好榜样

如果父母一边对孩子说不能拿别人的东西，一边顺手牵羊把公司的东西带回家里，在超市里把口香糖一类的小东西趁人不注意放进皮包，或是买东西时多抓两把，占点小便宜。如此，给孩子做了一个不折不扣的坏榜样，孩子就会把规则抛在一边，因为看到的远远比听到的记忆深刻，所以，要想孩子成为什么样的人，父母首先要成为什么样的人。

帮助孩子学习认错

1．当孩子把不属于自己的东西带回家，千万别对孩子说“偷”这个刺激的字眼。绝大多数孩子并不是为偷而去拿别人的东西。

2．如果孩子不敢承认东西是他拿的，而说“是他给我的”……爸爸妈妈不要逼供，让孩子放心：他说实话不会受惩罚。

3．知道自己做得不对后，爸爸妈妈应带着孩子去还，并教孩子礼貌用语：“对不起，没经你同意，把你的东西拿回家玩了，现在还给你，请原谅。”不要袒护孩子，那会使他丧失责任感。

4. 灌输孩子正确概念：“这是我的”：自己有权使用和安排；“那是别人的”：自己不能随意拿来据为己有。

吃苦耐劳

劳动让孩子长大

“劳动创造世界”；“劳动创造人类”；“劳动是人类的第一需要”；“不劳动者不得食”。家长们心里都清楚，要让孩子做一个真正的人，就必须让孩子热爱劳动。

据调查，英国小学生的每日劳动时间是七十二分钟，韩国是四十二分钟，法国是三十六分钟，英国是三十分钟，而中国仅仅是十二分钟。我们的孩子劳动是不是太少了？

有些孩子，懒得铺床叠被，懒得洗袜子、洗手帕，懒得收拾书包、收拾桌子，甚至于懒得洗脸、洗澡，连喝水也懒得自己倒。

事实上，孩子们之所以如此，是由于家长忽视从小培养孩子热爱劳动的习惯所造成的。

对孩子进行劳动教育，是培养孩子做人的基本特质和基本能力，如果家长忽视了劳动教育，就是忽视了孩子学做人的最重要的内容和机会，害处很大。一旦孩子成了懒人，想让他变勤俭就非常难了。

重视劳动教育要注意三个层面：

＊正确的劳动观点、劳动意识教育

要以社会生活实际、社会发展历史及家庭生活实例说明劳动对于社会、对于家庭和个人的意义。让孩子从观念上了解劳动的好处，知道不爱劳动的人是不会有成就的。

＊养成劳动习惯

不形成习惯不叫热爱劳动。习惯是一种自主、自动的行为，养成劳动习惯的人，不劳动反而不舒服，他们眼里总有可做的事情。这样的习惯不经过长期训练、培养是形不成的。

＊掌握劳动技能

劳动需要动脑筋，做什么事有什么样的做法，劳动的过程、操作要领、技巧需逐步掌握。任何劳动，由于技能水准不同，会有快慢、质量好坏的差别。因此，掌握劳动技能是劳动教育的重要层面。

热爱劳动的教育主要通过劳动实践进行，光说不练是不行的。最好每天安排一定的劳动量，一段时间内按孩子的实际情况固定内容，由简单到复杂。如果时有时无，不利于习惯的培养。小学生每天二十至四十分钟，中学生三十至五十分钟为宜，根据功课多少调整。自我服务劳动和家务劳动都应安排，不应光强调“自己的事情自己做”，还要强调“家里的事情主动做”。社区、学校安排的公益活动，应积极支持孩子参加。周休二日、寒暑假安排的劳动量应该稍多一点，最好做些比较复杂的既费体力又费脑力的劳动。

对孩子进行劳动教育，家长必须注意不应简单地把孩子当劳动力使唤，不应把劳动当做惩罚的手段，不应简单地以金钱和物质对孩子的劳动进行奖惩。如果孩子在劳动中有失误，不能训斥和责备。应该重视劳动过程的具体指导，多给予鼓励，让孩子感受劳动的愉快。

进行劳动教育，家长在提高认识的同时，也要改变想法。你怕耽误孩子的课业而不让孩子参与劳动，孩子未必会把时间真正用在专心学习上，何况劳动不仅养成好品德、好习惯，还对发展智力有很大好处呢！

持之以恒

父母要注重从小对孩子进行统一行为的培养，使他们逐渐养成专心致志、持之以恒的好习惯。

文硕上小学第一学期时，老师就跟家长反映说，她是个乖孩子，但最突出的毛病就是上课时注意力不集中，学习上缺少刻苦钻研的精神。爸爸知道，孩子的这个毛病如果不改掉，将成为她今后求学路上乃至成功路上的最大障碍。为此，爸爸曾多次严厉地批评文硕，每一次，文硕都表示悔过，但过后并无大的改变。

面对孩子的顽固不化，爸爸心急如焚，决定让孩子参与简单有趣却富有挑战性的游戏，让孩子从游戏中培养刻苦钻研的坚强意志。

爸爸为文硕买回来四盒积木，自己先用这数百块积木搭了一座十五层的高楼，然后推倒让文硕搭。

“你能搭十五层吗？”爸爸用起了激将法。

文硕看到爸爸的楼房很壮观，并不服输：“能，我会搭得更高。”

爸爸不失时机地鼓励：“好啊，那我要看看文硕的楼究竟有多高。”文硕开始聚精会神地做起来，可是她只搭到四层就倒了。第二次，文硕的手肘不小心碰到积木的一角，好不容易到了十层的楼立刻全塌了下来。文硕沮丧极了，想要放弃。爸爸赶紧鼓励：“不错，爸爸三十七岁了，才搭了十五层；文硕才七岁就能搭十层了。只要文硕继续搭下去，很快就能超过爸爸了。”

第二天，文硕已经能较轻松地搭到十层，还有一次搭到了十二层。第四天，她能搭到十三层。接下来的近一个星期，文硕的积木楼房没有任何进展。但文硕再没放弃过，超过爸爸的信念鼓舞着她不懈努力，一次次地失败又一次次地重来。

有一天，爸爸问女儿：“超过我了吗？”文硕摇摇头惋惜地说：“没有。但我很努力，我在进步呢，会超过你的。”

爸爸马上对孩子这种坚定的信念给予了肯定。如此这般，经过一段时间的毅力培养，文硕逐渐养成了做任何事情都坚持不懈的好习惯。在学习上，文硕的成绩很快有了明显的进步。

要培养孩子刻苦钻研的精神，以下几点不可忽视：

1. 要让孩子尝到成功的滋味。孩子一旦对成绩灰心失望就会产生厌倦情绪，循序渐进才能使他们树立自信心。例如孩子的语文成绩好但数学差，就让他先做语文，后做数学；做数学的时候，首先让他做些简易的题目，增加信心后，才去做那些较难的。

2. 欲速则不达。强迫孩子学习，逼得太紧，会使孩子变得焦躁，不耐烦，潜意识产生叛逆的心理，因此变得健忘。

3. 不要吝啬赞美之词。孩子学习有进步了就要给予赞美，这样可以有很大的鼓励作用。不要过分批评他的错处，因为这样会影响他的情绪，而导致更大的错误。

4. 做功课时间不宜过长。在做功课期间要有充分的休息时间，让他舒展筋骨、放松一下精神状态。如果功课做得好，可以适当地给他一个小小的奖励。

5．给孩子一个属于自己的“小天地”。如果环境条件允许的话，空出一间房来做孩子的书房，让他根据自己的兴趣爱好，精心设计自己的“小天地”。在不受干扰的环境里学习，他会更专心。

自我控制

从小培养自制力

我们所熟悉的宋氏三姐妹与德国音乐家巴赫都是很有自制力的人。

宋美龄的父亲很注意培养孩子的自制力。一日风雨交加，他带着孩子们去上海龙华，这次可不是参观古迹，而是让他们放下雨伞在古塔下淋雨。他说："你们看，这座塔千余年来不怕风雨，为什么？因为它基础牢固，骨架紧密。你们也要从小打基础练骨架。现在我们一起比赛，绕着宝塔跑六圈，看谁不怕苦、跑得快！"说罢带头跑起来。孩子们在泥泞中跌倒了，他叫孩子们爬起来再跑，坚持到底。

德国音乐家巴赫从小非常喜欢音乐，很想去汉堡听一位管风琴大师的演奏。可是巴赫住的地方离汉堡有九十多里路，穷孩子没钱坐车，只好带上干粮徒步上路。走累了在田野里休息一会儿，天晚了在农舍屋檐下的草堆中睡上一夜。为了听演奏会，他经常这样步行往返，是自制力支持他走完全程！

那么，自制力是什么呢？

自制力是自我约束、自我控制能力的简称，是一种重要的人格特征和心理素质。从幼儿时期培养孩子的自制力，可以克服任性、多动的毛病，逐步形成自我控制自我约束的意志力和能力，有助于孩子的成长与发展。据统计，自制力强的孩子，将来有可能成为艺术型或科学型的精英。

自制力与智力因素有着密切关系。智力因素包括感知力、想像力、理解力等等。它与非智力因素也有密切关系，非智力因素包括兴趣、意志、品德等等。缺乏自制力的孩子不能仔细地感知事物，从而不能引起对事物的浓厚兴趣。他们不能把一件事情做完做好，没有毅力也就没有坚强的意志。

自制力对孩子行为影响大

有自制力的孩子和没有自制力的孩子，在行为上有明显的差异。前者管得住自己、不胡闹、不乱发脾气。做事情有始有终，天真活泼而又不失教养，在一些小事情上也显出认真、仔细的态度；而后者以自我为中心，经常哭闹，做事情虎头蛇尾，像小猫钓鱼那样三心二意，还怕苦怕累，依赖性特强，事情往往做不好。

对于不同年龄层的孩子，如何培养其自制力呢？可以分六个年龄阶段着手：

1. 0～1岁：这时孩子喜欢爬，但又爬不了多远。要拍手叫好鼓励孩子多爬，爬得远爬得快。

2. 1～2岁：孩子学步时跌倒了，不要马上扶起来，要让他们自己爬起来，还要让他们说："我是好孩子，我会自己爬起来。"

3. 2～3岁：这时孩子常常哭，要用孩子听得懂的语言告诉孩子哭的样子不好看，漂亮的好孩子不哭，从而使孩子不随便哭闹。

4. 3～4岁：要孩子跑完规定的距离，不可以半途而废。孩子跑累了，跑出了汗，可以歇一歇，擦擦汗，但要继续跑。

5. 4~5 岁：让孩子知道唱歌唱得不好没关系，跳舞跳得不好也没关系，重要的是要求自己唱完跳完，有始有终。

6. 5~6 岁：要求孩子吃饭、穿衣、洗脸等都自己来，不要家长、老师帮忙。被子折不好一遍遍地折，不怕烦，有耐心，直到折好再加以表扬。

规则的唯一性

对于稍大些的孩子，规则的“唯一性”是培养他们自制力的有效措施。

“唯一性”意味着你所立下的（当然最好是与孩子共同制定）的规矩，执行起来是“唯一”的，没有任何条件可讲。例如，与孩子商量约定：每天放学回家后，写完作业才能看电视。那么无论孩子提出任何理由，父母都要坚持执行这一规则，决不妥协。因为你若有一次允许他改变规则，便意味着以后还会再出现这样的“投降”。遇到孩子向你软硬兼施时，你不妨对他说：“去读一读你的规则，不要来问我。”这样还可以避免你与孩子之间发生冲突，又可以教会孩子对自己的言行负责，进行自我约束。

“唯一性”的另一个含义是，家庭成员对待孩子执行某一规矩的态度的一致性。有很多家庭，对待孩子应执行的规则，父母的要求程序不一。比如以前上床睡觉母亲严格执行“孩子睡觉的时间是晚上9：30”；而父亲经不起孩子的央求，允许孩子看新买的故事书。这样的结果是孩子会找到不守规则的漏洞。他会懂得根据自己不同的需求去请求家庭中不同的人。因此，在为孩子确定某一规矩前，父母要商定好一致的实施方案，包括相应的奖惩方式是非常有必要的。

只有坚持规则的“唯一性”，才能培养起孩子的自制能力。

半途而废

孩子的意志力薄弱，做事常半途而废。

比如参加兴趣学习班，对于足球、篮球、舞蹈、钢琴、英语等等，孩子们刚开始都是非常热衷的，但是学习时间往往较长，有的一两个月，有的一个学期甚至更长。在这么长的学习过程中，孩子通常会有遇到困难产生退缩的念头。对于这个现象，家长不必过多责备。但是，家长可以帮助孩子克服困难，让他们坚持下去。

和孩子有个约定

孩子退缩的原因之一是，兴趣减弱。家长不妨在孩子参加兴趣班之前，就和孩子讲好，如果想学就一定要有耐心和毅力，任何事情都不是轻而易举可以完成的。和孩子定个约定，比如，必须坚持上完一个学期的绘画课，写下来挂在墙上，并且教育孩子一定要遵守约定。

鼓励孩子战胜自卑

孩子退缩的原因之二是，随着时间的延续，课程的学习难度加大了，最初的兴趣已经被枯燥的练习代替了。在学习的过程中，孩子会遇到难以解决的问题，比如，某个曲子总是弹不好，某个单字发音总是不对，足球比赛中总是不进球……而当孩子看到其他的人比自己强，便会产生一种自卑心理，为了逃避就会退缩。这时，家长应该鼓励孩子，让他看到自己的进步和长处，让他懂得战胜自己就是最大的胜利。

让孩子自由选择

如果孩子真的是不喜欢的话，家长也不要勉强。因为孩子在学习的过程中，也许发现自己并不适合这个领域。比如，孩子学琴，最初是好玩，学了一阵子后发现自己并不喜欢单调的练习，最后甚至到了厌恶的程度，那么勉强又有什么好处呢？不妨暂时放弃一下，让孩子多领域地尝试尝试，掌握多种技能的同时也会找到自己的最爱。

帮孩子战胜半途而废

意志力的培养要遵循适度的原则。超越了孩子的承受力，就会变成对他身心的摧残。

在生活中磨炼孩子的意志力。要求孩子对穿（脱）衣服、吃饭、收拾玩具等日常生活作息，按照一定的要求独立完成，并始终如一地坚持下去，以增强孩子行为的坚持性和控制力。

帮助孩子克服畏难和懒惰的心理

当孩子遇到困难时，父母要给予温暖的支持和鼓励，并适时进行启发、引导，提供必要的帮助，最终使孩子体验到通过自己努力而获得成功的感受。

帮助孩子把大目标分解成一个个容易达到的小目标，再一步步进行努力。

帮助孩子分析失败的原因，重新寻找合适的办法和建立克服困难的信心。

恰当督促、提醒孩子，培养其行为的自制力。

网络游戏

网络陷阱匿名的特性让网络上的人际关系诡谲多变也充满陷阱，在网网交织的虚幻空间里，纯洁的儿童很容易误入歧途，成为网络犯罪的牺牲品。为避免儿童成为网络上的迷途羔羊，父母必须扮演导航者的角色，引领他们进入“网络儿童乐园”。网络是各种言论思想的乐园，儿童或青少年在网络上冲浪时，如果不懂得保护自己，很容易遭遇危险而“灭顶”，这些危险包括：

详实登录个人基本资料，如姓名、电话、地址、家中成员等。

进入聊天室与陌生人一对一聊天，遭受陌生人言语暴力的侵害，或让陌生人取得儿童的信任而相约见面（这种情形比较可能发生在青少年身上）。

误打误撞搜寻到不当的网站及新闻讨论群，如性、暴力、赌博、教人如何制造炸弹及拥有武器等。

随意将父母的信用卡账号或网络账号告诉他人。

收到内容不宜的骚扰电子邮件。

为了避免上述情况发生，父母需要对网络有基本的认识，才能了解儿童在网络上的行为。因此当儿童刚开始学习上网时，父母最好全程在旁指导。如果你不懂计算机，还可借机向孩子请教，借着当小老师的过程增加学习的兴趣。为了了解孩子在网络上的行为，把计算机放在客厅，而非孩子的房间里，是比较好的选择。当然这样还不够，父母不可能一直陪伴在孩子身旁，因此为孩子制定网络安全规则是相当重要的。父母可与孩子一同讨论，并且让孩子知道违反规则可能造成的严重后果，例如：

除非取得父母的同意，否则千万不要在网络上留下真实姓名、电话、住址、父母的职业及就读的学校等基本资料。

绝对不可随便把父母信用卡账号登录在网络上，或者把自己的网络账号密码给予他人（包括自己的朋友也不可以）；如果要利用网络订购相关软件或物品，一定要经过父母的同意。

未经父母的同意及没有父母的陪伴，千万不要答应网络上网友的一对一聊天邀约或进入网络多人聊天室；并且进入网络聊天场合必须使用匿名。

未经父母的同意，不要将个人照片寄给他人。

遇到任何令人感到不舒服的信件或信息，千万不要响应，并立刻告诉父母。

做一个网络好公民，遵守网络基本礼节，不要出言不逊或作出任何伤害他人的事。

要说服孩子接受并遵循规则，除了说明违反规则可能导致的危险后果外，最好与孩子一起进入网络聊天室，体验网络上人际关系互动模式，让他们了解网络另一端的聊天对象并非总是说实话，并且让他们明白遇到网友挑衅言词的处理方法。

此外，为避免儿童误打误撞搜寻到不当的网站，父母平时也可帮孩子搜寻不错的网站，并帮他们建立快捷方式。

游戏成瘾

在上网的青少年中，玩网络游戏的占了很大比例。有关的统计资料表明，青少年上网约有60%的人是玩游戏。虽然游戏只是网络功能中的一种功能，但因网络游戏具有互动性，内容广泛，有的还可以自己编写程序，所以比简单的电子游戏更具吸引力。因此，许多青少年痴迷于网络游戏，一门心思陷在里面，导致上课不能集中精力听课，不能按时完成作业，成绩下滑，直至逃课、逃学，发展到厌学、辍学，甚至猝死于游戏过程中，对个人和家庭的正常生活造成了直接的伤害。

当前，对网络游戏成瘾，已成为青少年日益突出的心理问题，不少青少年成为这一病理行为的受害者，青春期心理发育受到严重精神伤害。

一位初中三年级学生玩网络游戏上瘾后，白天上课睡觉，晚上跑去上网。家长为了限制他玩网络游戏，每天上学放学接送，但仍然无法阻止他玩游戏的冲动。有一次家长从网吧找到他，求他回去专心读书，他却说，这个世界除了网络游戏还能让他留恋外，其他的都没有意思，如果想让他多活几天，就不要阻止他玩网络游戏。

还有一位学生，只剩一学期就要高考了，突然提出要休学，原因是迷上了网络游戏，整天只想着在游戏中不断升级，别的都不在乎了。本来这个学生很有前途，至少可以考上普通大学，最后却迷失在网络游戏中。类似的例子还有很多，许多在校的学生，甚至许多大学生迷上网络游戏后，也表现出对现实世界的疏远。

某大学一位大三的学生是网络游戏的痴迷者，自从迷上网络游戏以来，一有空闲时间就想着上网，到了周末假日更是通宵达旦地玩，宿舍的脏衣服堆成了山也懒得去洗，更不想上课，满脑子都是游戏中的升级、装备、秘籍等，曾有几次想戒掉网络游戏，但自己仿佛着了魔，总是难以摆脱它。

那么，要如何对网络兴利除弊，让网络成为孩子们成长的密友呢？

正是因为上网给青少年的成长带来了种种负面影响，所以它成了家长、老师和学校的一块共同的心病。但是，网络是近年来的新兴科技，我们不能拒绝现代文明。所以，禁止青少年上网，进网吧，不是解决问题的根本办法，关键是要使青少年能够正确认识网络，能够合理地使用网络，让网络成为他们学习和生活的良师益友，促进他们的健康成长。

家长作为青少年学习和生活中的长辈和亲密朋友，也应正确看待和对待孩子的上网行为。青少年接受新鲜事物的速度往往快于他们的长辈，对于网络也不例外。当许多孩子在网络世界里神游的时候，他们的家长还对网络一无所知，对于孩子在这方面的教育根本无从下手，更谈不上指导和帮助。所以，这些家长也要尽快转变观念，做个懂计算机、会上网的现代人，加强与孩子的沟通与交流，及时掌握孩子的兴趣喜好和心理特点，帮助孩子认清网络世界的复杂性、虚拟性，提高分辨是非的能力，并指导孩子合理分配学习和上网的时间，帮助孩子从网络中获取丰富而有益的知识，为孩子的学习和成长打下良好的基础。

之四：建立孩子的唯美心灵

承受烦恼

人们都说，今天的少年儿童有许多的烦恼，但是不久前在某理事会组织的一次有关少年儿童烦恼的征集活动中，某校的一名品学兼优的小朋友却回答说："一提起烦恼我就被难住了，因为在我的脑海里就没有一点烦恼！"她的回答出乎人们的意料，而类似她这样的回答绝不止她一人，更引起家长和老师们的关注。

这位小朋友为什么没有烦恼呢？原来她出生在一个幸福美满的家庭，有一个疼爱她的保姆照顾她，接着进入一间颇有名气的幼儿园，后来又上了一所最好的小学，在学校她的成绩名列前茅，深受老师们喜爱。家长还给她报名参加了游泳、钢琴、英语等才艺班。十多年来她的每一步都是父母精心安排的，一点儿也用不着自己去想去做，当然也就感觉不到烦恼了。

什么是烦恼？按字典的解释，它是一个人对外来刺激的一种心理反应，只要你碰到不顺心的事均可产生，即使待哺的婴儿也不例外。随着孩子年龄的增长，他们越来越多地与人、与社会、与自然发生千丝万缕的关系，难免会碰到各种的矛盾冲突，这就是烦恼。因此，社会和学校有针对性地组织了“遇到烦恼我来说”、“解决烦恼我办得到”等活动，就是承认小小少年的确会有烦恼，并帮助他们解决烦恼。

孩子们有烦恼是正常的现象，并不可怕，而且这也是他们“长大”的必经之路，是他们成长的阶梯。比如在学习中他们会遇到听不懂、学不会的难点；在与人交往中会遇到被误解、难沟通的处境；在与自然的接触中会遇到风雨冷热的袭击等等。这些都会给他们的精神和身体带来或多或少的烦恼。但当他们一次次去排除解决了之后，就会扩大知识领域，掌握人际交往中的技巧以及生存的能力，孩子们正是这样一天天地成熟长大起来的。

在人的社会适应能力中，自理能力是排在第一位的，也是最基本的能力，自理就是要求独立自主和自控。如果家长关心备至，那就会“剥夺”了孩子体验烦恼的机会，限制了他们成长的自由，从这个意义上说，没有烦恼就会产生新的更大的烦恼。

谁都懂得在温室中培育起来的花朵经不起风雨，同样的，孩子们无法承受烦恼、挫折，日后也难以融入社会，参与竞争，成就一番事业。如果孩子们的一切全由家长们安排代劳，在生活上百倍关心不让他们自理；在学习上主观包办不让他们自主；在人际交往中过多干涉不让他们自立，也许在家长的“保护伞”下会感到暂时的安全，但你能呵护孩子的一生吗？没有一位家长愿意自己的孩子永远长不大或成为“高分低能”吧！

你爱你的孩子吗？如果你真爱，那就放手从小开始让他们去承受烦恼，并自主地去解决排除烦恼，从中去感知他人，感悟人生，感受自然，让他们一次次从感性到理性的脚步中学会做人做事，更快地健康地成长起来！

困境怡然

是谁惯坏了孩子

最近，我在生活中遇到了两件无法释怀的事情：一日，去拜访一位多年不见的老同学，正巧赶上他妻子的生日，大家就临时约定一起吃饭庆祝。当他打电话回家时，刚好是他儿子接电话，他就对儿子说："今天是你妈生日……"话还没完，儿子就从电话那边甩过来一句："我妈生日关我屁事。"然后就挂了电话。老同学赶紧又拨过去问："儿子，是不是妈妈又得罪你了？"儿子很干脆地说了实情："我今天和妈妈上街，看上了一双NIKE鞋，才三千多，妈就是不买给我。"老同学打完电话，赶紧跟我解释，这孩子就喜欢扮酷，校服有规定没法比，这些孩子就比鞋，一学期必买一双名牌鞋，没办法。

还有一位朋友的女儿今年参加大学联考，考得不是很理想，面对一所普通大学的录取通知书，孩子不屑地说："叫他们送我出国，这种烂学校我去上了干吗啊！"老李问她想读什么样的学校和科系，孩子张口就说："我可不喜欢那些低三下四看别人的脸色做事的行业，信息业还不错；学经济还可以，赚钱快。"孩子还告诉我，她现在最想要的就是钱，因为自己正是花样的年龄，需要穿最时髦的衣服。我又问孩子为什么不自己去赚钱买，孩子的回答更令人吃惊："他们生了我，本来就要给我钱花。"

看着两个孩子的表现，怎么也搞不明白，两家的父母都那么上进，怎么会教出了这样的孩子？

前面那位老同学一直在某高中任职校长，教育界有很多熟人。这样一来，孩子就有了这样的印象：我考不好爸爸也能帮我。所以孩子没考上好学校，爸爸就托人让他上明星私立高中。没想到的是，在明星私立高中，像他儿子这样进来的孩子还并不少，都是凭关系上的，或者凭钱进来的。因为这群孩子学习成绩中等，自尊心极强的孩子们就专门比酷、比时尚。大人一旦不能满足他，不是不理你，就是将家长说得一文不值。

后面的朋友因平时家里不缺钱，孩子要多少就给多少，让孩子觉得花父母的钱是应该的，脑子里根本就没有节俭和自立的观念。孩子考高中那一年，本来没有考上公立学校，但夫妻俩怎么想也觉得该让孩子上个好名声的私立学校。最后，花了很多钱让孩子走后门入学。没想到，这样一来，孩子反而觉得只要是父母赚的钱就该花，还误认为什么事都可以用钱解决，考试成绩不好，那就出国读书，也没什么大不了。

看着这两个本来还聪明的孩子，假如他们的父母没钱也没权，当孩子考不上好学校时，就让孩子独自经历人生的第一次挫折，也许孩子早就知道了失败的滋味，也可能已经尝到了胜利的喜悦。但令人遗憾的是，现在的很多父母都有着和这两位家长大致相同的想法：即使自己缩衣节食，也要让孩子在成长的路途中一路顺风，舍不得让自己的孩子吃到一点苦头。然而，令父母没想到的是，这些在一帆风顺中长大的孩子，不仅没有成为有用人才，反而连基本的生存技能都难掌握，这不是害了孩子吗？

让孩子自然地成长，能上什么学就上什么学，能做什么工作就做什么工作，让孩子经历困境，这是孩子成长的一笔宝贵财富。

别心疼孩子吃苦

有一群浩浩荡荡的队伍，从某小学出发，前往一间养老院，路上人山人海，热闹非凡。马路中间是学生队伍，上千名小学生，个个背着包包，迈着大步，有的还不时小跑一阵，追上前面的同学。马路两边比马路中间还热闹，人数比中间的学生还多，阵势也比中间的学生还杂乱，有些骑着摩托车，有些则开着小轿车随行。

这些随行的人群中，不时有人向中间的学生队伍大喊大叫：“别跑，慢慢走好了！”；“吃得消吗？吃不消趁早退出来！”；“别逞强了，走不动爸爸背你！”……然而，从中间学生队伍中响起的却是这样的回答：“谁要你送啊？回去好了！”；“烦不烦啊你！都被人家笑死了！”……

这是怎么回事呢？赛跑不像赛跑，游行不像游行。原来，该小学举办活动：从学校徒步走到养老院，为老爷爷、老奶奶表演节目。尽管学校解释在先，沿途都有老师照顾，最后还有救护车压阵，且早与警察单位联系好，这段时间内实行交通管制，绝对安全，可是家长们还是不放心，孩子从来没有走过这么长的路啊，万一吃不消怎么办？好多家长都劝孩子别参加这次活动了。可是孩子哪里肯听？到了活动那天，家长们纷纷赶来为自己的孩子“保驾护航”，于是就出现了那么生动的一幕。

在随行队伍中，我还曾听见一位三十出头的妈妈这样抱怨学校：老师噱头最多了，一会儿办这活动，一会儿搞那活动，叫小小的孩子走这么长的路、吃这么大的苦，做家长的谁不心疼啊！

于是，有人开始感叹：现在的父母们对自己的孩子怎么宝贝到如此地步！

“要学高山上的青松，不做温室里的花朵。”然而，现在的孩子岂止是生活在“温室”里，简直是泡在蜜糖里。没有经历过苦难，没有遇到过困境。然而，漫长的人生道路不会一直平坦，它坑坑洞洞、荆棘丛生。没有在困境中挣扎过的人，怎么有跨越它的本领？

现在，人们对孩子智力的发展是越来越重视了，择校、择师、聘家教、买各种的学习资料，都不惜重金投资，却忽略了对孩子体力和意志力的培养，尤其是经历困境与磨难的培养。游泳时，怕孩子溺水了；爬山时，怕孩子摔倒了；连走得稍微远一点时，都怕孩子承受不了。那么，对于未来的充满激烈而又残酷的竞争社会，孩子们又该如何面对？

就让孩子吃点“苦”吧，别心疼。困境能磨砺意志力，使孩子们始终保持乐观积极的生活态度，困境也能让孩子们怡情养性。

吃苦让孩子坚强

不要以为整天让孩子坐在书桌前就会提高学习效果。相反的，在劳动中，孩子会心灵、手巧，充满创造性，同时，反过来，又促进学习的发展。家长一定要充分认识劳动对孩子成长与预防懒惰的意义。

一日读报，得悉母狮训子的轶闻：母狮在养育小狮时，常常故意地把小狮领到悬崖边，然后冷不防往下一推，让小狮身陷于险境中挣扎求生。

初读这一大自然的轶闻，似乎有点不可思议。然而仔细想想，母狮的这一举动，也实属不易。狮是一种凶猛的动物，小狮如果只在母狮的呵护下不历艰险，不经磨难，那些小狮长成后岂不成了狮子狗一般。

眼下有些家长，对自己的孩子，含在嘴里怕化，吹在风里怕冻，抱在手里怕掉，处处关怀备至。有的家长对孩子的吃饭、穿衣、上学等事事关心。殊不知，这样“风吹肉痛”地疼孩子，带给孩子的只能是“衣来伸手，饭来张口”的懒惰性格，就是长大成人，也往往成为社会上那种缺乏自主能力，经不起生活磨难的“软脚虾”。

要使孩子成为社会生活中的强者，有识之士总是想方法让孩子吃“苦”，在艰苦生活中训练意志。美国第32任总统罗斯福，他有4个儿子，作为总统，为儿子谋个好职业应该不是难事，但他把4个儿子都送到部队去服役，让他们去部队经历艰苦战争生活的磨炼。居里夫人为了使孩子克服胆小怕事的弱点，她常常带着孩子在山里住宿，让他们不怕黑、不怕雷电，培养孩子的胆识和气魄。日本有些大资本家为了使子女继承和发展自己的事业，不是让子女坐享其成，而是要他们从当低层员工做起。

再看看我们的周围，溺爱的典型屡见不鲜。不少家庭生怕孩子吃苦受累，孩子在家里衣来伸手、饭来张口，自己的事情也让家长包办，滋长了孩子许多恶习，自私、懒惰、动手能力差。有些学校周末让学生大扫除，回答让家里人来帮忙的并不是少数学生，有的学校大扫除时，还真的引来了拿着扫把、水桶的爷爷奶奶。每当下雨，小学校的大门口，总是密密麻麻地站满撑着各色雨伞的家长，因为父母们都担心家里宝贝淋着了雨。

生活哪里会总是一帆风顺的？如果孩子甚至从没淋过雨，他们将来又如何能经受住惊涛骇浪？作为父母，我们是不是也该效法国外那些家长的作法呢？

挫折教育

输不起的孩子

四岁的佩佩和小朋友玩猜拳游戏，剪刀、石头、布。只要佩佩赢，就会继续玩下去。但要是她输了，就会吵着说"不算数"，或是阻止别人赢她。其他的小朋友不高兴了，纷纷跑开，不愿再和她玩。

眼见大家都跑开，各玩各的，佩佩跑到妈妈身边，忍不住大哭说："他们都不跟我玩。"

其实，妈妈早就看到佩佩和小朋友吵架的那一幕，明知理亏又霸道的是佩佩，但看到宝贝女儿伤心难过的样子，又很心疼。妈妈真不知道如何对佩佩作出适当的反应。

佩佩的年龄正处于以自我为中心的阶段，她的行为也是可以理解的。孩子在社会化的过程中，有时要让她自己去摸索，有时要给她引导，如果两者搭配得当，孩子就可以成为身心健康、为大家所喜爱的快乐小孩。对待佩佩这样的孩子，要有一定的方法。

适度安慰　讲清道理

孩子受挫时，适度的安慰是绝对必要的。此时应先同情别人都不跟她玩的感受，等她情绪稍稍缓和下来后，主动邀她玩同样的游戏，并且学她刚才霸道的模样，让她体会别人的心情，知道为什么别人不想和她玩，再告诉她遵守游戏规则的重要性，相信她会容易接受的。

察言观色　具体指导

如果我是佩佩的妈妈，我会寻找机会观察别的孩子在一起玩的场景。同时，也让佩佩在一旁观察。回家后与佩佩仔细讨论别人友善相处时有什么规则可循，陪她回想自己和别人是如何相处的，比较之后，指导她选择适合的方式来对待周围的人，相信她的情形会慢慢改善的。

将心比心　巧妙沟通

家长应先接纳孩子的情绪，让她描述当时的场景然后告诉她："佩佩想赢，别的小朋友和你一样，如果别的小朋友输了，不甘心，吵着说不算，或是阻止你赢，那你会不会生气，还和她玩吗？”用这样的方式与孩子沟通，提供她一个自我反省的机会，让她发现自己错在哪里。

培养孩子的抗挫折能力

现在的孩子普遍受到大人的宠爱，有些父母宁可自己历尽磨难，也不忍心让孩子吃一点儿苦，受一点儿累，千方百计为孩子打造人生的“坦途”。现在，许多孩子非常聪明，能弹琴、会下棋、会书法，天文地理、古今中外样样知晓一些，但日常生活中一遇到困难就一筹莫展。只重视孩子的智力而忽视了孩子全面素质提高的倾向是不利于孩子的发展的。

有关心理医学专家指出，在过分溺爱之下成长的孩子，表现为万物以自我为中心，稍不顺心便会出现大哭大闹、撕衣毁物等骄横行为；在家中衣来伸手、饭来张口，不劳而获，久而久之造成孩子依赖性强、社会适应困难，生活不能自理，学习怕苦怕累，事事要求助于父母，遇到挫折便不知所措。有些孩子在还没有走向社会之前，便受不了一点挫折而败下阵来。这个问题越来越引起社会的重视。不少教育工作者和家长开始认识到，从小培养孩子的抗挫折能力十分重要。如何培养孩子的抗挫折能力呢？

端正教育态度。家长对孩子不能过分溺爱和娇惯，不要过分保护，不要事事包办。鼓励孩子自己动手做一些办得到的事情。

为孩子设置一些难题。在日常生活中，家长可设置一些难题，引导孩子去解决，培养他们学会解决问题、克服困难的方法。

让孩子体验劳动。安排孩子做一些简单的家事，不要怕孩子累着，这样可以培养孩子作为家庭成员应有的责任意识，训练孩子的生活能力。

让孩子感受批评。有些家长怕孩子受委屈，不愿意说孩子的不是，造成孩子无法忍受一点批评。其实，孩子错了，被长辈批评也很正常。虽然当时孩子的心里难受，但这种心理承受能力是必要的。

让孩子承受失败。有些父母不愿意看到孩子失败，不论是下棋、玩扑克、做游戏、参加竞赛等，总是想尽办法让孩子胜利，这样做对孩子的成长没有一点益处。其实，有时让孩子体验失败的滋味未尝不是一件好事，家长可以借此培养孩子克服困难的勇气。

胜败有常

胜者为王，败不为寇

为何孩子缺乏进取心，成绩停滞不前？

为何孩子遇到小小的困难，便撒手不理，一副消极放弃的态度？

父母们满脑子疑问，希望孩子积极求进步，不要轻言放弃。

小婴儿由学爬、学坐、学行至学跑，曾经过无数次的跌倒、撞地、甚至受伤流血。不易放弃的天赋生存本能，推动他们继续试、继续跌，直至最后克服困难，达至成功。

既然孩子天生不易放弃，为何长大后屡屡逃避，未打先输？其实，孩子这种预期遭受挫折的无助感，是后天学习得来的。由于他们对自己能力作负面评价，认定失败居多，自觉不能克服困难，所以宁愿采取一早放弃的态度。

在上幼儿园或小学的孩子，身边的亲人，尤其是父母的一言半语都会直接影响他对自己能力的评估。例如，孩子参加跑步比赛，父母事前说："你跑得慢，一定赢不了。"或考试前揶揄孩子："你好笨哦，什么也不行，考试也不会得到一百分。"父母这种只重结果，不重视孩子能力成长的态度，一方面会让孩子对自己作负面评价，另一方面会误将个人能力与事情的成败等同看待，这对孩子的影响不可谓不深远。

只重结果　影响信心

对于还在学业阶段的孩子，很多父母往往只重视他们的学业成绩，却忽略孩子能力的增长，将能力与成绩画上等号，因而对子女形成沉重心理压力。父母对于孩子，不要一味视学业成绩为评价孩子能力的唯一指针，亦不宜期望过高，而应发掘及欣赏子女其他方面的才能，例如音乐、运动，从而作出正面的评价。

很多家长都担心，孩子不思进取、怕辛苦，遇到困难便轻言放弃的态度，会影响学业，停滞不前，或培养怯懦悲观性格。

事实上，容易产生放弃念头的孩子，不仅自信心低落，更索性采取逃避态度。例如，当父母交给他任务时，他会立即表示无力完成。这是由于父母期望大，所以失望也大，尤其当软硬兼施也不能改变孩子的消极态度时，就容易流露厌恶感，而孩子看在眼里，则觉得父母只重视成功、成就，却不重视自己。

培养不怕输心态

要改变孩子不思进取的态度，家长应该尝试纠正孩子对成败的看法，不要让他只愿意承担自己的强项，却逃避弱项。家长可从日常生活来培养孩子不怕输的心态。例如，父母跟孩子下棋时，不论赢输，都应该表现开心。家长如能发现孩子的进步要加以赞赏，例如，刚开始下棋时孩子粗心大意，现在已变得小心谨慎，那么，孩子将不会仅仅重视成败的结果，而是重视自己的努力态度。

此外，父母可陪伴子女一起看些名人或励志故事，例如体操选手桑兰意外受伤瘫痪后，依然不断地进修，增加自我价值；网球运动员阿格西及足球运动员罗纳尔多，皆曾从高峰滑下，最后凭着百折不挠的精神，又重新站在了球坛的耀眼位置。从而说明每个人必须面对挫折、困难，但是，只有从解决困难的过程中，才能得以提升自己的力量，使自己不断由失败向成功进发。

成败不是事业终点

在人的成长道路上，人人都希望成功，但历史与现实总是那样的无情，失败与挫折就像预先为人设下的急流险滩，只有通过它，才能达到成功的彼岸。

有的人一遇挫折，事业遭到失败，情绪就落入低谷，随之而来的是怨天尤人，灰心丧气，觉得什么都不行，进取心全面瓦解。

然而并不是所有的人在失败与挫折面前，完全处于消极被动的地位。他们清楚地意识到在前进中失败是在所难免的这一客观规律，在失败、挫折面前善于调整自己的心态，看到失败中也含有成功的因素，积累经验教训，为下一步的成功创造条件。大发明家爱迪生认为："失败也是我所需要的，它和成功对我一样有价值，只有在我知道一切做不好的方法以后，我才知道做好一种工作的方法是什么。"

有些人，在失败和挫折面前不愧是强者，可是在成功和胜利面前反而成了弱者。一次成功就可以使他陶醉，自我欣赏，自我满足，而不思进取。

有些人在失败和挫折面前是强者，在成功面前也是强者。在他们看来，一次成功，既是过去工作的一个终点，又是未来工作的一个起点，永保头脑冷静，客观地看待成功的价值，并考虑成功中的不足。德国物理学家伦琴，当他 50 岁时，已经发表了 48 篇有贡献的科学论文，取得了重大的科学研究成果。他曾先后担任物理学教授、维尔茨堡大学校长，其名声之大和其获得的成就已为社会所承认，但他并没有因此而自我满足。以后又因研究出 X 射线，成为全世界第一个获得诺贝尔物理学奖金的人。

这笔巨款足够他终身享用，可是伦琴又对新的研究课题进行孜孜不倦的探索。晚年退休后，还发表了最后一篇论文。

可见，一个人只有在不断进击和攀登中方能显示自己的价值。如果有人把成功当成事业的完结，那么他的价值也只能到此为止。

勇于认错

树立榜样

在日常生活中，常常发生家长错怪了孩子，或者在处理有关的事情时发生偏颇，挫伤了孩子的自尊心的事情。这时，家长应该向孩子坦承错误及道歉。这不仅能弥补过失，挽回孩子受挫折的感情，还能为孩子树立知错必改的好榜样。

元元自幼好胜，自尊心很强。

元元三岁时，有一天，爷爷打开 CD 音响替他播放歌曲，他上前就把 CD 关了，说：“我要自己放小白兔儿歌。”爷爷急了，训斥他一句：“你知道哪个是小白兔儿歌？你会放吗？”元元看了看爷爷，没有说话，小胸脯一起一浮，转身走开。爷爷立刻明白伤害了孩子的自尊心，于是就拿出小白兔儿歌的 CD 去找他："元元，爷爷说错了，对不起！这是小白兔儿歌的 CD，你自己拿去放吧！如果有什么问题再找爷爷，好吗？"元元跳起来说："好的，爷爷谢谢你，我会放给你听。"他脸上闪动着灿烂的光彩，孩子也有自尊心，不要轻易去伤害，即使不经意伤害了，也应该适时补救。

这以后不久，元元不小心摔破了爷爷的眼镜，小孩子居然也学会道歉了，他拾起地上碎得只剩下镜框的眼镜，稚气地说："爷爷，对不起。你说怎么办？"爷爷摸了摸元元的头，微笑着反问："你说呢？"元元煞有其事地想想说："我把存钱筒给你，你看需要多少吧。"爷爷有些诧异："你怎么这样想呢？""我看见我们幼儿园的秦老师把胡一凡哥哥的背包带子弄断了，老师就给了一凡哥哥钱的，老师说不小心拉断的，向一凡哥哥道歉，还说是老师弄坏的，老师就应该承担责任呢！我想我把爷爷的眼镜打破了，也应该这样做。"爷爷释然了，重重地点点头，大声说道："好的，就照你说的办。"

看来，对孩子而言，榜样的力量有多么大。我们家长要求孩子做到的事，自己必须时刻注意做到，并要学会向孩子道歉。

让孩子认识到自己的错误

当邻居来告孩子的状时，你会怎么办？

也许，你会认为，邻居是希望你当面好好地教训孩子一顿，帮他出一口胸中的怨气。其实，这并不是邻居的真正意图。大多数来告状的家长，只是希望你了解孩子的所作所为，并对其进行有效的教育，以尽量保证类似的事情不再发生。同时，也想经由这种方式宣泄一下自己心中的不满。他并不想亲眼看着你当着他的面狠狠地教训孩子一番，更不愿意看见你把孩子打得涕泪横流，弄得气氛紧张而又尴尬，因为这种场面也会让他觉得于心不忍。另外，对孩子动手不但不能从根本上解决问题，还极有可能使问题恶化。两个孩子可能从此以后就由好朋友变成了仇敌。更可怕的是，当你的孩子再见到那个孩子时，可能会变本加厉地欺负对方，因为他会觉得就是因为对方才使自己挨揍。

那么，当邻居上门来告状时，爸爸妈妈应当怎样做？其实，你要做的就是让孩子真正认识到自己的错。

建议你不妨试着按照下面几个步骤去做：

1．一定要保持头脑冷静，心平气和。

2．向自己的孩子询问事情的经过原委，全面地了解事实真相。因为邻居的讲述也只是他孩子的一面之词，与事实可能有些出入。必要的话，不妨询问一下当时在场的第三者。千万不要以为这是小题大做，要知道，孩子也是一个独立的人，他也有自我意识和被人尊重与理解的需要。只有公正客观地处理，才能让孩子真正认识自己的错，也才能真心改过。否则，纵使孩子口服了，恐怕心也难服。

3．综合双方（或三方）的说法进行全面而公正地分析，看看孩子错在哪里。如果完全是他的错，先不要急着追究他的责任，而要引导他站在对方的立场上体会一下对方当时的感受，以及对方现在希望他怎样做；如果错不全在他，让他说明一下自己错在哪里，对方又错在哪里，这样一来，孩子会同时认识到两种错误的做法，而不是一味地强调“是他先惹我的”。这样做的好处在于不仅可以从根本上解决问题，而且可以帮助孩子形成一定的移情能力，训练他学会站在别人的立场上想问题，学会替别人着想。

4．让孩子去向对方道歉。尽量让他自己去道歉，以培养他的责任心，让他从小就意识到要对自己的所作所为负责。如果错不全在他，可以鼓励他平静而大胆地指出对方的错误，让他学会与别人进行真诚的交流，而不是把所有的错都揽在自己身上，否则的话，可能会让他觉得这个世界有失公平。

不要替孩子道歉

身为教师的我，至今我还记得一位家长为逃课孩子道歉的事。

有一天下午，小雨再次逃学。

第二天早晨我到学校的时候，发现昨天逃课的小雨爸爸早已在校等候了，他一脸惭愧地对我说道：“老师，我是为小雨的事情来的。”我严肃地说：“小雨没有来吗？我们对于这样的事情可不能小看它，并不是要有意为难你。既然小雨昨天逃学，我们就应该让他知道学校也有学校的规矩，不是随便进出的。要不然他以后还会犯下相同的错。”

听我这样说，小雨爸爸着急了：“老师我求求你，孩子有什么不对的地方，我来处理，我向你道歉。”

当家长在一边着急的时候，小雨过来了，站在一边，满脸与己无关的样子，好像他根本没有犯错，而是他爸爸犯了错。

面对这情况我对他爸爸说：“照目前的样子，小雨可能根本没有认识到错误，我想还是要将孩子闭门思过几天，要不然不会有效果的。”

没想到，小雨爸爸一听更急了：“老师，算我求求你，算我的错，希望你让孩子进教室，要不然功课以后跟不上的……”

我安慰他：“课业落后我会替他补上去的，但是想法错误的话，那就十分危险了，还是让小雨回去几天，让他自己想想，是不是真的不想上学了。”

小雨听了，开始不知所措起来。他的脚不停地踢着地，欲言又止，终于什么也没有说怏怏不乐地和父亲回去了。可是我相信他会和我说：“我错了。”事隔三天，我终于听见了这句话。小雨也再没有犯同样的错误。

孩子犯错，就应该让孩子认识到错，就应该让孩子为自己的错误行为负责。

想起国外教育子女的一则小故事：

有一个孩子，踢足球时不小心将隔壁邻居的车窗玻璃打碎了，家长就陪着孩子来道歉，车主是一位华人留学生，因为有了家长的到来，就说了句："是小孩子不小心的行为，算了吧。"可是那位家长却坚持说："不可以这样的，既然他做错了事就应该自己去承担，虽然他自己没有钱，但从明天开始，他到你家做义工，直到可以赔偿你的玻璃为止。"但这位华人留学生依然表示不接受。那位外国家长就着急了："不行，你这么做是让小孩子从小就逃避责任，这样做的后果是孩子将来会变得没有责任心。"在家长的坚持下，孩子向留学生道歉并作了赔偿。

国外的处理方式和我们有多么的不同，认真想一想，我们的家长对孩子的做事处理方法是否也应该转变了呢？

简约主义

一对年轻的父母带着刚上小学不久的女儿去逛街。在一个繁华的路口，有一位老爷爷正在卖《××晚报》。父亲从口袋里掏出十元钱交给女儿让她去买十份晚报。女儿买回晚报，父母跟她商量："按原价把晚报卖出去，看看我们能不能很快卖完？"女儿在父母的支持与帮助下，费了不少时间才把十份晚报卖出去。然后，父母又让小女儿去问卖报的老爷爷，一份报纸能赚多少钱。孩子从老爷爷那里知道，卖一份报纸只赚几角钱。她算了一下，花了这么长时间才能赚几角钱，而且费很多力气和口舌。"爸爸、妈妈，我以后不能随便花钱了，赚钱太不容易了。"父母肯定了孩子的想法，及时表扬了她。这个女孩后来一直很节俭。

现在的孩子多数不懂得节俭，乱花钱、奢侈浪费的现象相当严重。有一所小学，捡拾的物品堆满了一间屋子，大至皮夹克，小至铅笔、橡皮擦。学校多次广播，要求孩子们去认领，却没有人去。在一次家长会上，校长讲了这件事，说再不认领就以垃圾废弃物处理了，也只有几个家长带着孩子去认领。这情况不能不引起我们深思。

我们不应该忘记古训：成由勤俭，败由奢。成功由勤劳节俭开始，失败因奢侈浪费所致，即使到了很富裕、很有钱的时候，这个朴素的真理也不会过时。节俭是一个人的重要特性，很难想像，一个从小大手大脚随便浪费的人能创造一番事业，建立好家庭。

孩子不懂得节俭，不能怪孩子，我们大人有责任。社会上的许多媒体拼命地宣传吃好、穿好、用好，刺激孩子盲目消费的广告也是形形色色。家长出于疼爱，迁就孩子花钱自不必说，就连家长自身也往往产生了非合理消费的心理——比较、从众、追时髦、喜新厌旧等等。时代变了，人们的消费观念确实应该改变。随着经济收入的增加，人们吃饭讲究气氛，穿着讲究时髦美丽，用得更挑剔；但盲目花钱、随便浪费永远是坏事情，是不良的心理及行为。

新的时代，应该建立科学的消费观念。人们的消费可以分为三类——生存性消费、发展性消费、享乐性消费。生存性消费、享乐性消费容易理解，发展性消费是指为了人的身心健康发展、科学文化素质提高、事业发达所进行的消费。每个家庭的经济情况不同，对孩子如何把钱用在有利于发展上应该认真动动脑筋。我们认为，不管花钱多少，以下三条是重要的标准：

1．是否高效益地使用金钱、财物，合理消费，用当所用；

2．是否有利于孩子的发展——形成良好的品德素质、身体素质、心理素质、文化素质；

3．是否杜绝了奢侈浪费、享乐主义。为了培养孩子节俭的品质，我们提出几项具体建议：

（1）**正确认识钱**。要让孩子从小懂得钱是什么，钱是怎么来的，怎样正确地对待钱财，不义之财绝不可取。对于年龄小的孩子，应联系实际生活跟孩子讲解，多引用一些事例。年龄大的孩子，可以跟他专门讨论钱的问题。

（2）**学会花钱**。孩子消费行为是由被动逐步走向主动的，从小学低年级开始，就应教孩子买东西，如何用钱，如何找钱，如何选择物有所值的物品。教孩子把钱保管好，防止丢失、被窃。